ハッピー・イースター・トゥ・ユー！ 2

Happy Easter
To You！ 2

岸本大樹・光野幸恵・一場茉莉子・齋藤五十三
吉村和記・千田俊昭・平田裕介・小平牧生

はじめに

イースターエッグというものをご存じでしょうか？

イースター（復活祭）は日本であまり馴染《なじ》みがないかもしれませんが、それでも春のイースターの季節になると、デパートなどで見かけるカラフルに装飾された卵がイースターエッグです。もちろん、卵と言っても、デパートなどで販売されるイースターエッグはチョコレートかキャンディーです。

なぜ卵がイースターと関係するのでしょうか。それは、生まれたばかりの雛《ひな》が卵の殻を破って出てくる様子が、イエス・キリストが死という殻を破って復活したことと重なり、新しいいのちを象徴するからです。

ご自分を殺そうとする人たちのために、ご自分を裏切った弟子たちのために、そしてすべての人間のために、「父よ、彼らをお赦《ゆる》しください」と神に祈りながら十字架で死なれたイエス・キリストは、三日目に死に打ち勝って復活されました。復活されたイエス・キリストは、どんな人間であってもお見捨てになることなく、ご自分の新しいいのちを分かち合ってくださいます。その新しいいのちに生きるとき、私たちの歩みが決して華やかなものでなかったとしても、そこに生きる意味が加わり、苦しみに耐え抜く力が備わり、天へと向かう永遠の希望が与えられます。

それゆえ、イエス・キリストの復活はありえない、信じがたい出来事ですが、教会はその出来事を当初から重んじ、イエス・キリストが復活された日曜日に礼拝を持つようになりました。しかし、それだけに留まらず、一年に一回、雪が溶け、新芽が土から顔を出す春にイースターという日を定め、特別にイエス・キリストの復活をお祝いするようになりました。

いのちのことば社から昨年二月に『ハッピー・イースター・トゥー・ユー！』というメッセージ集を出しましたが、今回はその第二弾です。今回も私を除く七名の牧師たちによるイースターのメッセージが掲載されていて、それぞれの語り口が異なるものの、どれもがイエス・キリストによるいのちとの出会いが語られています。今年は阪神・淡路大震災が起こってから三十年となりますが、その震災のご経験を踏まえた小平牧生牧師のメッセージも掲載されています。

イースターは春分の後の最初の満月の次の日曜日となり、日程は毎年変わりますが、今年（二〇二五年）は四月二十日です。どうぞイースターにはお近くの教会に足をお運びください。そこではイエス・キリストの復活によるいのちに生かされることの喜びが語られるはずです。

この本を手にされたお一人お一人の上にイエス・キリストの豊かな祝福を祈ります。

二〇二五年二月

執筆者を代表して　**岸本大樹**

目　次

装幀　光後民子

私の〝推し活〟

光野 幸恵

私たちの主イエス・キリストの父である神がほめたたえられますように。神は、ご自分の大きなあわれみのゆえに、イエス・キリストが死者の中からよみがえられたことによって、私たちを新しく生まれさせ、生ける望みを持たせてくださいました。

（新約聖書「ペテロの手紙第一」1章3節）

心に何を持って生きていますか？

気づけばあっという間に四十代。人生の折り返し地点、後半を意識し始めたここ最近、ちょっとした体の変化を感じるようになってきました。

そこで先日、医療関係の仕事をしている友人に、何か健康に良いものはないかと聞いてみたのです。

すると「それなら〝推し活〟が一番！」とアドバイスが返ってきました。

どうやら友人曰《いわ》く、仕事柄たくさんの人と出会う中で、イキイキ輝いている人は、必ず〝推し活〟（特定の誰かを応援したりしていること）をしているとのこと。

何か専門的なことを期待していた私は、一瞬戸惑ってしまいました。

しかし、なるほど……。

確かに食事や運動はもちろん大事ではありますが、私の周りでもなんだかイキイキしている人は、性別や年齢問わず、自分の楽しみを持っています。友人の言葉に納得してしまったのでした。

ここ最近なにかと聞くようになった〝推し活〟。

みなさんは心の中に、自分だけの何かこれ！というものを持っていますか？

ちなみに〝推し活〟といえば、一昔前はアイドルの追っかけというようなものを想像しましたが、最近はご当地のキャラクターなども対象ですから、おもしろいものです。

また〝推し活〟に限らず、〝旅活〟〝孫活〟など、今や世の中にはさまざまな〝活〟があふれています。

始めるきっかけも、ある人は仕事のストレス解消のため、ある人は孤独で仲間が欲しいため、また定年を機に新しいことに挑戦してみたくなった、など実に十人十色。

いつの時代も人間はなにか生きがいや、心のよりどころ、安らぎを求めるものなのかもしれませんね。


しかし、ふと考えてみたのです。

この世の中の物であれば、いずれなくなってしまいます。

また人であれば、突然自分の前から姿を消していなくなってしまうかもしれません。

ちょっとした行き違いで、お互いを傷つけ合ってしまうこともあるでしょう。

私たちの周りにあるものは、もちろんどれも魅力的ではありますが、どこかはかなく、不完全というのが現実ではないでしょうか。


けれども、みなさんにぜひ紹介したいお方がいるのです。

そして知ってほしい人生があるのです。

それが、イエス・キリスト。

イエスと生きる人生です。


たいていの方は、イエス・キリストの名前は聞いたことがあるでしょう。でも遠い外国の人物で、自分には関係がないと思われているかもしれません。また隣人愛を教えた人、十字架に架《か》かって死んでしまった人、とすっかり過去の人と感じておられるのではないでしょうか。

けれども、冒頭の聖書のことばのように、イエス・キリストは、決して過去の人ではなく、今も生きておられるのです。そして、多くの人々を新しくし、生きる望み（希望）を与えているのです。

今日は、そんな私の推しである〝イエス様〟についてご紹介します。

地上に来られた神の御子《みこ》
私の推し、イエス様のことは、聖書で全て知ることができます。
その聖書によると、神の御子であられるイエス・キリストは、今から約二千年前に処女マリアから生まれ、人となって、この地上に登場されました。

大工をしていたヨセフの家庭で育ち、私たちと同じように暮らしていたのです。

ところが平穏な暮らしに決別し、三十歳を過ぎてから神の国について語り、ご自分が聖書に書かれてある「救い主」であることを宣言しはじめられました。

そして、数々の癒やしと奇跡を行い、考え方を変えて、まことの神を信じるように民衆に教えられましたが、権威ある人たちから無実の罪で十字架に架けられ殺されたのです。

十字架の死は私たちのためであった

当時、十字架刑は最も残酷な処刑方法で、強盗や殺人犯などの重罪人を裁くためのものでした。

イエス・キリストには何の落ち度もありませんでしたが、宗教指導者たちには自分を神と同等に話すイエスが、どうしても受け入れがたい存在でした。

そこで彼らは、イエスを陥《おとしい》れ、十字架につけたのです。

それにしても、なぜ神の御子がわざわざこの世に来られたのでしょうか。

しかも、身分の低い者となられ、人に仕える人生を歩まれ、苦しい十字架の死にまで従われたのでしょうか。

実は、イエス・キリストの十字架の死は、ずっと昔から聖書の中で予定されていることだったのです。

そして、イエスが死ななければ、私たち人間は死から救われることがなかったからです。


みなさんは、人の本来の姿を知っていますか。

一般的には、人間の起源というのは進化論で理解をされているかと思います。

また、それを裏づけているような考古学や科学的な話も聞いたことがあると思います。

この人間の起源をどう考えるかが、イエス・キリストを信じる者と信じない者との最初の分かれ道です。

聖書の最初のページは、「はじめに神が天と地を創造された」（創世1・1）という言葉から始まっています。

これは、人間の起源が進化論ではなく、神による創造から始まったという創造論を説明しています。

神が、人も宇宙も地球も全てを創造して造られたということです。

これを信じることが第一歩です。

その中で人は、神と共に生きていました。

しかし、人は神以外のものを信じてしまい、神から離れたのです。

まるで、いのちのある木から切り落とされた枝のように……。

人間は神から離れ、落ちてしまった枝と同じように、枯れて再び土に返ってしまうように、死を背負う運命になってしまったのです。

しかし神は、この死の運命にある人間を、もう一度、いのちの木である神ご自身につなぎあわせて一つにし、死のない元の姿に戻すことを考えられたのです。

その方法が、ご自分の大切なひとり子イエス・キリストに人の罪を背負わせ、身代わりに罪の刑罰を受けさせることであったのです。

そしてさらに、神はイエス・キリストを十字架で死んで終わりにはされなかったのです。

イエスはよみがえられた

私たちが、何より知って受け入れなければならないことがあります。

それは、イエス・キリストが十字架刑で死んだ後、三日目によみがえられた（復活された）ということです。

復活の様子は、弟子たちによって、それぞれの立場で見たことが聖書に正確に記録されています。

その弟子たちの目撃情報を組み合わせると、その日の朝、初めに墓にやってきたのは弟子の女性たちでした。

彼女たちは、せめて自分たちの手でイエスを手厚く埋葬したいと思ったのです。

しかし、墓の中はすでに空っぽで、イエスの遺体はなく、天使から復活されたことを聞きました。

そして、その天使の言葉どおり、その後、彼女たちは復活をしたイエス本人と出会うことになります。


死んだ人間がよみがえる、それはまったく説明のつかないものではありますが、イエス・キリストの死と復活は私たちにいったいどんな影響を与えたのでしょうか。

それは、神から離れた私たちの罪がイエスの死によって赦《ゆる》され、イエスの復活によって、私たちもイエスと同じようにいのちの木である神につながる。神と一つになり、死なずに永遠のいのちの中に入るということです。

つまり、罪を赦されて、神と永遠に生きる人生を約束されているのです。

人生は、死によって突然打ち切られて、永遠に終わるものではありません。

イエス・キリストの復活によって、人生最後に直面する死は、新しい永遠のいのちの中に入る

〝希望の扉〟となったのです。

「まことに、まことに、あなたがたに言います。わたしのことばを聞いて、わたしを遣わされた方を信じる者は、永遠のいのちを持ち、さばきにあうことがなく、死からいのちに移っています。」（ヨハネ5・24）

復活を信じる

こうして神は、イエス・キリストによって人の罪を赦し、すべての人に救いを与えられました。私たちクリスチャンは復活を信じ、イエスに望みを持っています。

またたくさんの人にも信じてほしいと願っているのです。

しかし、そうは言いましても、まるでおとぎ話のようで、完全に死んだ者がよみがえるはずがない、ありえないではないかと思われるかもしれません。

しかし、それでもイエス・キリストの〝推し活〟をするのは、自分の人生に復活を信じさせる体験が起こり、復活したイエスと出会うからです。

私の復活

私は、クリスチャンの家庭に生まれ、神の存在は認めていましたが、親や周囲の人への反抗心から教会を離れてしまいました。

体も小さく、劣等感もあり、自分を変えたいと必死になり、学生時代はクラブ活動に打ち込みました。

社会人になり、それなりに就職し、人に認めてもらい、自信が持てるようになり、生活は充実していました。

しかし、心の中で満たされない自分の存在に気づきはじめたのです。

仕事、お金、恋人……幸せそうに見える世間の人が持っているものを自分も手にすれば、きっと幸せになれると思っていたのに、なぜか幸せを感じることができませんでした。

それどころか、頑張れば頑張るほど、頑張ることの副作用のように、できない人を批判して、人に優しくすることができなくなり、逆に、簡単に崩れてしまいそうな自分の心に不安を抱くようになってしまいました。

自分の努力で人生を変えることはある程度はできるかもしれませんが、自分の心に真の幸いを得ることができないことに気づいたのでした。

そんな時、ふと目に留まったのが自宅にあった聖書でした。

幼い時に、母がよく聖書を読んで聞かせて、意味を教えてくれました。

その時に母が聖書から教えてくれたとおり、最後に私の心を復活させたのは、友人の励ましでもなく、有名な人の啓発本でもなく、聖書に書いてあることばだったのです。

　神は、実に、そのひとり子をお与えになったほどに世を愛された。それは御子を信じる者が、一人として滅びることなく、永遠のいのちを持つためである。（ヨハネ3・16）

有名な箇所なので、今まで何度も何度も聞いていたのに、この時初めて心に突き刺さりました。不思議と、涙が出てきました。

私は一人ではなかった。欠点だらけの私を、無条件でイエス・キリストが受け入れてくれたという感覚が心の内側から湧いて出てきたのです。

目には見えていませんでしたが、確かに私はイエスと出会い、苦しみから復活しました。見た目は依然と変わらない私ですが、確かに心が復活したのです。

もう一つの復活――父の闘病生活
父は、二〇一六年の秋に悪性の腫瘍（ステージ4）の診断を受けました。

それまで大きな病気をしたこともなかったので、突然のことに驚きました。けれども不思議なもので、私たち家族には平安がありました。

それは、また天国で父と会えるからです。

それから約一年間の闘病生活でしたが、それは私たちの希望の日々でした。

確かに、あの時の父の顔を見ていると、父のうちにはイエスが生きておられることが分かりました。

また母の父に対する看護を見ても、母のうちにも確かにイエスは生きていて、母を支えていることが分かりました。

そして、父の死後も、イエスは今も家族を慰め、望みを与えてくれているのです。

ですから父とは、少しだけの「さよなら」です。

私たち家族には、死は怖いものではなくなったのです。


私たちは、イエス・キリストの復活を映像で見ることもできなければ、今この目で直接生きておられるイエスを見ることもできません。

誰がイエスの復活を信じられるでしょうか。

けれども、イエス・キリストの十字架の死と復活を信じた人は、私だけでなく誰もが、生きておられるイエスと出会い、それぞれの苦しみや悲しみから復活した喜びを、良い知らせ（福音）として語り伝えています。

そして今も、世界中で生きることをあきらめていた多くの人が立ち上がり、新しい歩みへと導かれている、これがなによりの、イエスが生きておられる証拠ではないでしょうか。

聖書は、イエス・キリストを信じた者は神の子どもであると、だから新しく歩み出しなさいと教えています、

なにか立派なことをしなければならないのではないか、こんな自分にできるのだろうかと不安になりますが、大切なことは、自分はイエス・キリストによって新しくされたと信じることです。

神は、信じる者を必ず変えてくださるのです。

主イエス・キリストとともに

冒頭に〝推し活〟の話をしましたが、私たちの生活には日々いろいろなことが起こります。

本来の神に造られた姿から、罪のためにバランスを崩している人間が集まる中で、必ず人間関係の悩みはついて回ります。

また、どれだけ健康に気をつけている人であっても、年齢を重ねていく中で、昔よりもできないことが増えてきます。

ほかにも、思いがけない事故、大切な人との別れなど、私たちには自分ではどうにもできない問題が絶えずあるのです。

けれども、クリスチャンになってよかったと言えるのは、聖書を通して神様の存在を知り、自分が何者であるのか、またどう生きていくべきなのか教えられることです。

自分の弱さを素直に認めて、いつも変わらない、大きな神に目を向けた時に、状況自体はたとえ変わらなくても、問題に対する見方が変化し、不思議と乗り越えていけるようになるのです。また究極の希望は、死んで終わりではないということ。イエス・キリストが復活されたように、いつまでも神と生きる。何よりも天国があるということがなぐさめであり、望みであるのです

これからも世の中は目まぐるしく変わり、思ってもみなかったことが起こるでしょう。また人々の価値観は変わり、真偽のわからない多くの情報から、私たちは必要なものを選択していかなければなりません。

けれども、この世界で唯一変わらないものがあるのです。

それは、イエス・キリストによって与えられた、永遠のいのちへの約束です。

そして、私たちの主イエス・キリストは、昨日も今日も、そしてこれからも、変わらずに生きておられるのです。

「私たちのイエス様は死んでしまった……」「なにもかも終わりだ……」と失望している弟子たちに、復活されたイエスは現れました。

弟子たちはイエスの言葉を信じて、一歩踏み出してみたときに、神の力によって、力強く歩み

始めました。
イエス・キリストは今も同じように、恐れや不安、失望の中にいる私たち一人ひとりを愛し、優しく語りかけ、励まし、ともに歩んでくださるのです。
「見よ。わたしは世の終わりまで、いつもあなたがたとともにいます。」（マタイ28・20）
今日この本を読んでくださったあなたが、復活の主イエス・キリストに望みを持って生きていかれることを願い、お祈りいたします。

真の故郷への道

一場 茉莉子

「あなたがたは心を騒がせてはなりません。神を信じ、またわたしを信じなさい。わたしの父の家には住む所がたくさんあります。そうでなかったら、あなたがたのために場所を用意しに行く、と言ったでしょうか。わたしが行って、あなたがたに場所を用意したら、また来て、あなたがたをわたしのもとに迎えます。わたしがいるところに、あなたがたもいるようにするためです。わたしがどこに行くのか、その道をあなたがたは知っています。」トマスはイエスに言った。「主よ、どこへ行かれるのか、私たちには分かりません。どうしたら、その道を知ることができるでしょうか。」イエスは彼に言われた。「わたしが道であり、真理であり、いのちなのです。わたしを通してでなければ、だれも父のみもとに行くことはできません。」

（新約聖書「ヨハネの福音書」14章1～6節）

真の故郷

「故郷《ふるさと》」という言葉を聞いて、最初に皆さんの心に思い浮かぶのは、どのような風景でしょうか。「故郷」という言葉には、特別な響きを感じます。それは誰しもの心の中にある、懐かしく柔らかい部分に触れる、そんな言葉のように思います。美しい山や川に囲まれた、ありのまま受け入れてくれる大切な人たちのいる温かい場所。都会で育った人、実際の故郷に良い思い出のない人であっても、どこかで郷愁の念を抱き、魂の深いところで憧れたり慕ったりする。そんな心の原風景が、私たちの内にあるのではないでしょうか。

私はカリフォルニアに住んで、今年で十八年目になります。海外に住んでいるために、なおさら「故郷」という言葉に懐かしさを覚えるのかもしれません。普段は特に支障なく、とても良い方々に囲まれて生活しており、こちらの生活も随分と板についてきました。しかし、ひとたび体調を崩すとチキンスープよりも卵粥《たまごがゆ》の優しい味が恋しくなりますし、疲労困憊《ひろうこんぱい》した時には温泉に入ってゆっくり癒やされたい気持ちになります。

私がお仕えしている教会は、百十二年前に日系移民の方々によって建てられた教会です。今よりもずっと行き来の難しい時代に、海を渡ってカリフォルニアに来られた日系人の方々は、大変な苦労をされながら、こちらで日本人街や日本庭園などを造られました。簡単には帰れない故郷を再現された、その望郷の想いに思いを馳せつつ、私もまた何年経っても、海の反対側の愛する家族や友人のことを日々想い、祈りながら暮らしています。

一方で、日本に帰るたびに驚かされるのは、ほんの一年しか経っていなくても、街や人が次々と様変わりしていくことです。流行《はや》りの言葉や歌は聞いてもまったくわかりませんし、コンビニの機械化されたレジでどこにお金を入れたら良いのか戸惑う始末。数年帰らないだけですっかり浦島太郎の気分です。慣れ親しんだ風景がいつの間にかなくなっていたり、大切な人たちも、もうそこにはいなくなっていたり。自分自身も気付かぬうちに変化していますから、外にいる時はあれほど懐かしかった故郷なのに、実際に帰ってみると、もはやそこに完全には馴染めない自分に気がつきます。そして遠くで思い描いていたような「故郷」は、この世界のどこにも存在しないのだという現実を知らされます。

少し寂しい思いもしますが、そのたびに、私の心にしみじみと響き渡るのは、「(あなたがたは) 地上では旅人であり、寄留者である」(ヘブル11・13) と語る聖書の言葉です。そして、この地上の旅の果てに私を待つ場所、信仰の先達たちが「もっと良い故郷、すなわち天の故郷」(同11・16) と呼んで憧れた、私たちの真の故郷を、より深く慕うようになりました。


「心を騒がせてはいけません」

聖書の物語に入っていきたいと思います。聖書は、人の手を通して神ご自身が書かれた神のことばとして、クリスチャンが最も大切にしている書物です。世界の始まり、神と人との物語、救い主キリストについて等、この世界についてのすべての真理がここに記されています。

今回お選びした箇所には、聖書が世の救い主であると証言するイエスと、そのイエスに人生をかけて従ってきた弟子たちが登場します。本書のテーマのイースターは、十字架で死んだイエスがよみがえったことを祝う時ですが、この箇所はその復活が起きる前の場面です。まだイエスが生きていて、もう少しで捕らえられ、これから十字架の死へと向かっていくというところです。

弟子たちは、心を騒がせていました。それは、イエスが命を狙われていたからです。イエスご自身も、もうすぐいなくなる、自分は身代わりの死を遂げる、弟子たちのうちの誰かが裏切ると、とても物騒なことをおっしゃっています。心の拠り所である師イエスを失ってしまうかもしれないという不安、動揺が弟子たちを覆っていました。

さらに彼らは、ただ心の支えを失うだけではありませんでした。イエスを失うことは、自分たちの人生、夢のすべてを失うことを意味していました。弟子たちは、ローマの圧政から自分たちの苦しい生活を救い出してくれるただ一人のリーダーだと信じて、イエスに従ってきたのです。この方ならきっとイスラエルを再興してくださると、すべてを捨て、この方に賭けてイエスと共に生活してきました。それなのにイエスが死んでしまうなら、それらすべてが無駄になり、自分自身の人生をすっかり見失ってしまうのです。

これさえあれば、この人さえいればと、心の支えにしていたものを失う時の心細さを、私たちも知っています。また、人生計画がすっかり狂ってしまうような出来事、こんなはずではなかったという出来事は、私たちの人生にしばしば起きてきます。病気や事故、仕事や結婚、子育て、人間関係の課題、経済的な危機、人生の荒波は容赦なく次々と私たちを襲ってくるようにも感じます。そんな時、多くの場合、私たちの心も弟子たちのように恐れで覆われ、右往左往し、これからいったいどうしたらよいのかと途方に暮れます。実に、心が騒がない日はないというほどに、私たちは今日も不確かな世界に生きています。

恐れる弟子たちに、イエスは「心を騒がせてはなりません。神を信じ、またわたしを信じなさい」（ヨハネ14・1）と語られます。そして父の家には住むところがたくさんある、そこへ行って、あなたがたのために場所を用意し迎えにくるから、だからあなたがたは何も心配しなくてよいのだと、お語りになるのです。ここでイエスは、地上の国であるイスラエルや、地上の生活の安泰を求めて恐れ惑う弟子たちに、まったく次元の違う解決、真の故郷、天の永遠の故郷を指し示されました。あなたがたの求めている答えは、地上でいくら探しても決して見つからない。真の安定、人間存在の意味、人生の答えは、天と地をつなぐわたしの内にこそあるのだと、ご自身への信仰へと弟子たちをお招きになっているのです。

この招きは、二千年の時を経て、現代に生きる私たちへの招きでもあります。栄枯盛衰、この世界にあるものはすべて移り変わり、私たちの存在を根本から支えてくれるものは何一つ見つからないでしょう。この世のものに希望を置くなら、私たちは失望します。しかし、聖書の語る良き知らせ、それは昨日も今日も永遠に変わることのない神が確かにおられ、この方の内には、何にも揺るがされない真の希望があるというのです。

イエス・キリストとは誰か？

このようなことを、弟子たちに、また私たちに語られるイエスとはいったい、何者でしょうか。先ほど、聖書によるとイエスは世界の救い主であると申し上げましたが、もう少し詳しく知りたいと思います。イエスは歴史上の人物であり、今日のイスラエルに当たる地域で二千年ほど前に生きた人です。聖書は、このイエスについて、歴史の中でただ一度だけ、神が人となって、人間の世界に来てくださった救い主（キリスト）であると証言します。

ただの人ではなく、神である。これは私自身がそれが事実だと発見した時も、今、牧師としてどなたかにお話しする時にも、毎回驚きを禁じえない、嘘みたいな本当の話です。全世界を造られ、歴史のすべてを支配しておられる神が本当におられて、この神が迷い子になった私たち一人ひとりを救い出すために、ご自分の造られたこの世界に飛び込んできてくださったというのです。

歴史上、たくさんの人が神を知ろうと努力し、神を探してきました。聖書は、人は神の像《かたち》に、神に似せて造られ、鼻から神の息を吹き入れられて生きるものとなったと記します。ですから、どんな人も人間存在の最も深いところには、遥か遠い神の記憶が眠っているようなものです。その証拠に、私たち人間の心には共通して、自分より偉大なもの、永遠に続くものへの憧れがあります。雄大な自然を見ると感動するし、宇宙の悠久の時の流れを知ると浪漫《ろまん》を感じます。地球のどこに住む人も、我が子のための犠牲的な親の愛を見ると心を打たれます。

聖書によると、最初の人アダムとエバが神に対して罪を犯し、神と人の関係が壊れてしまったため、私たちの内にある神の像は歪み、壊れ、自分では神に到達することができなくなりました。人は自力では神を正しく知ることができないのです。しかし、さまざまな宗教があることからも分かるように、それでも人は神的な存在を求めずには生きていけません。それら無数の宗教の存在こそ、聖書の語るように、私たちが元々、神の像に造られたことの証《あか》しでもあると言えるでしょう。皆さんが普段、ご自分は無神論者だと自負していたとしても、絶体絶命のピンチの時、「神様、仏様」とすがる思いがあるならば、それはまさに、あなたもまた神に造られた存在であることを教えています。

そのような、下から上へと探し求める矢印がたくさんある中、たった一度だけ、上から下に、神の側からこの世に来てくださった方。それがクリスマスに家畜小屋でお生まれになった、イエス・キリストです。神ご自身であるのに、神であることに固執せずに、人となって生まれてきてくださった神。「インマヌエル（神は我らと共におられる）」と呼ばれ、私たちの一人のように、人と共に地上で生き、そして死を経験された方です。この方は、地上で生きておられる間、多くの人を愛し、病の人を癒やし、傷ついた魂を回復させ、神の国について教え、神がどれほど私たち人間を愛しておられるのかを余すところなく示してくださいました。イエス・キリストがこの世界に来てくださったことで、私たちは天の父なる神の愛を、目で見て、手で触れられるほどに、はっきりと知るようになったのです。

日本に最初に来た宣教師と言えば、一五四九年にスペインから鹿児島に上陸したフランシスコ・ザビエルが知られていますが、宣教師は母国を離れてよその国に行き、神がおられ、神が人を愛しておられることを伝える人です。イエス・キリストは言うなれば、ご自分の国である天から、最初の宣教師として、この地に降りてきてくださったお方です。世に来る前にキリストがおられた場所、そここそ、キリストが弟子たちにお語りになった「わたしの父の家」であり、聖書の中で何度も約束されている、天にある私たちの真の故郷です。

私が道であり真理でありいのちである

キリストが地上に来られたのは、ほかでもなく、自分では決して神の許《もと》へ戻ることのできない私たちが、この天の故郷への帰り道を見いだすためです。私たちは、天に真の故郷があること、真の父である神がおられることなど、すっかり忘れていました。地上のことばかりに心を奪われ、人生は自分のものであるかのように、自分自身の決断で、または人や環境に決断を強いられて、必死で歩んできました。どうにか自分の足で生きようと、もがき、ぶつかり、葛藤し、多くの場合あちこち傷つき、歪みながら、ここまで生きてきたのです。そんな迷い子のような私たちが、実はこの世界には、私たちを愛して探しておられる天の父がおられること、目には見えないけれど、その父が待っておられる真の故郷が確かにあること、そこから来られたキリストを信じるならば、この地上の人生でも、私たちは神の子として歩んでいけること。これを知り、そこに生きていくことができるように、キリストはこの地に生まれ、また死んでくださいました。

イエスが行かれる道、どうしたらその道を知ることができるでしょうと尋ねる弟子たちに、イエスは「わたしが道であり、真理であり、いのちなのです」（ヨハネ14・6）とお答えになりました。道とはそこを通って目的地に行くためのものですが、まさにイエスは「道」に、人々が天の父と出会うための一本道になってくださったのです。この後キリストは、捕らえられ十字架につけられ、見るも無惨なあり方で殺されていきます。神の子としてこの世に来られた方が、あろうことか、最も無力な形で死んでいく姿が記されます。聖書は、この「死」は、神を神とも思わず生きてきた私たちの罪の身代わりに、救い主が死なれたのだと語ります。けれどそこで話は終わりません。一度死んでしまったキリスト、もうこれで終わりだと誰もが思ったキリストが、生前の約束のとおりに死と絶望を打ち破って、なんと三日後に復活されたというのです。

このキリストの死と復活によって、私たちが天の故郷へと帰る道が開かれました。キリストはご自身のことを「いのちである」とおっしゃいましたが、イエス・キリストという道を通って、私たちは天の父と再び出会い、この方との溢《あふ》れるいのちの関係の中に、永遠に生きることができるようになりました。「永遠のいのち」が、与えられたのです。

死を打ち破るとは、大変なことです。どんな人にも等しく訪れる死を前にして、まったく無力であるのが人間の常でした。人類は死に負け続けてきました。しかしキリストの復活は、この「死」を引っくり返し、無力にしました。ですからイースターは、この復活のいのち、キリストのいのちが溢れる季節なのです。それは天の父の住まわれる天の故郷の輝きが、空っぽの墓の中からこの世界に輝き出《いで》た時、人の最大の絶望である死が、キリストによって完全に打ち破られ、キリストの復活のいのちの確かさが、私たちの前にはっきりと表された時です。死がいのちに呑《の》み込まれ、この復活のいのちを受け取る者にとって、死はもはや力を持たなくなりました。肉体の死は、より鮮やかな永遠のいのち、天の故郷へと帰っていくための門に過ぎなくなったのです。

いま、ここで
コロナ禍の春、カリフォルニアでは幼稚園も学校も、お店も教会も、すべてがシャットダウンし、日常生活が奪われました。家族以外に誰とも会えない中、次々と届く死の知らせ。私たちの教会でも愛する大切な方をコロナで失いました。故人を偲《しの》び、慰め合うために集うこともできず家に籠《こも》る中、私たちが出かけることができたのは、海や山、人と会うことのない自然の中だけでした。

日本の春はソメイヨシノの淡い桜色の美しさに代表されますが、カリフォルニアの春は、カリフォルニアポピー、目が覚める蛍光オレンジのような小さな野花があちらこちらに花を咲かせます。ある土曜日、私たちは、いつものようになるべく人のいないところを探しつつ、くねくねと細い道を運転しながら、山の上へ上へと登っていきました。ポピーが咲いていると聞いて来たものの、いくら進んでも変わらない風景に、もしや道を間違ったのではと思い始めた時でした。突然、ほんの少し前まで枯れ果てているように見えていた山の全斜面を覆う、一面のポピー、鮮やかなオレンジ色の絨毯《じゅうたん》が目の前に広がりました。子どもたちは歓声を上げ、私たちも思わず驚きの声を上げました。見渡す限りのオレンジです。誰に見られることもない山の上で天に向かい、天の故郷を仰ぐように、指さすように。短い命の限り、はち切れんばかりの命に溢れて、野の花たちが一斉にそこで咲いていたのです。

その圧倒的な美しさに、枯れた冬を覆い尽くすいのちの力に、私は深く心を打たれました。それはまるで、キリストのいのち、復活のいのちに死が呑み込まれ、悲しみが喜びに、絶望が希望に、死がいのちに塗り変えられていくようでした。この中にあっても、神は確かに生きておられる、天へと続く希望がある、そのことがはっきりと私たちの心に迫りました。

キリストを信じ、永遠のいのちを受け取ることにより、私たちは今ここで、この地上にいながらも、天の故郷の麗しさを垣間見《かいまみ》つつ、神ご自身の光に照らされて生きる者となります。何一つ確かなものがないこの世界にあって、決して揺らぐことのない希望、誰も奪うことのできない喜びに支えられ、神の子として、天を仰ぎながら歩んでいくのです。人生のチャレンジはほかの人と変わらず襲ってくるでしょう。しかし試練のたびに、私たちを愛し、祝福したくてたまらない天の父の声をより近く、より親しく、より深く聞きながら、信じた神がやはり本物であること、それどころか私たちの想像を遥かに超える偉大なお方であることを知らされながら、この地上の旅を続けていくのです。

聖書に出てくるダビデというイスラエルの王は、「まことに 私のいのちの日の限り　いつくしみと恵みが 私を追って来るでしょう」（詩篇23・6）と歌いました。実に父なる神の真実は、地上の最期の息を引き取るその時まで、私たちを追いかけてきます。そしてこの世を去る時が来たならば、その父なる神が両手を広げて、天の故郷で私たちを迎えてくださるのです。これは本当に幸いな人生です。嘘みたいな本当の話。驚くべき喜びの知らせです。

終わりに

あなたもこの永遠のいのちを受け取ることができます。天の父は、あなたに出会いたいと切に願っておられます。いや、これまでの人生を思い返していただくならば、既にあそこでもここでも、神があなたの人生に臨まれ、あなたのいのちを守ってこられたことにお気づきになるのではないでしょうか。

神の独り子であるイエス・キリストは、あなたのためにこの世に来られました。命を捨てても惜しくないほど、あなたの存在は、神にとって尊く大切です。そして復活されたキリストは今も生きておられ、あなたの人生を導き、あなたと共に歩んでください ます。だからあなたはもう、一人で人生の重荷を抱えなくてよい、痛みや悲しみを握り締めたまま生きなくてよいのです。将来の不安に苛《さいな》まれる必要もありません。神があなたの人生に備えておられる素晴らしい将来と希望のご計画を、喜び驚きつつ、経験していくことができるのです。

二千年前に遠くの国にいた人が神で、今ここに生きる自分の人生と関係があるとは、にわかに信じ難いかもしれません。私もそうでした。けれど幸いなことに、あなたが求めるならば、生きておられる神が、これがこの世界の本当の物語であり、あなたご自身の物語でもあることを必ず教えてくださいます。是非、聖書を読み、教会を訪ねてみてください。このイースター、この本を手にしておられるお一人お一人に、神様が素晴らしい出会いのストーリーを備えておられることを期待しつつ、神様の豊かな祝福をお祈りいたします。

主イエスがともに――エマオ途上

齋藤　五十三

ところで、ちょうどこの日、弟子たちのうちの二人が、エルサレムから六十スタディオン〔約十一キロ——筆者補足〕余り離れた、エマオという村に向かっていた。彼らは、これらの出来事すべてについて話し合っていた。（新約聖書「ルカの福音書」24章13〜14節）

戸惑う二人の弟子

この箇所のおもな登場人物は、二人の弟子です。この二人はいずれも無名の弟子たちでした。彼らが道々話し合っていたのは、その朝に起こった出来事についてです。その次第はこうでした。朝早い時間に仲間の女性たちが、三日前に十字架で死んだイエスの遺体を見るために墓に向かったところ、遺体が見当たらなかったというのです。「いったい何が起こったのだろう」と女性たちは途方に暮れるのですが、そこに御使《みつか》いたちが現れて、イエス・キリストが復活したことを彼女たちに告げたのでした。

あなたがたは、どうして生きている方を死人の中に捜すのですか。ここにはおられません。よみがえられたのです。まだガリラヤにおられたころ、主がお話しになったことを思い出しなさい。（ルカ24・5〜6）

これを聞いた女性たちは、驚きつつも喜びました。そして急いで墓から戻り、イエスの弟子たちに伝えたのです。しかし、それを聞いた多くの弟子たちには、それが「たわごと」、つまり作り話に思えたと聖書は記しています。そしてエマオ途上にある二人の弟子たちもまた、女性たちの話を消化しきれずにいたのでした。「ルカの福音書」24章15節に記される彼らの「話し合ったり論じ合ったり」している様子を聖書が元々書かれた原文で読むと、ああでもない、こうでもないと、話し合いが感情的な激しい議論にまで至っていたことが伺《うかが》えます。

ここまで聖書を読み進めてくると、私たちは誰もが「何と残念なことだろう」と思うはずです。主イエスは、その朝、すでによみがえっておられたのです。それにもかかわらず、その復活の喜びを二人はまだ自分のものにできないでいました。それゆえに二人は今なお暗い面持ちで歩いていたのでした。

聖書によれば、二人の弟子たちはどうやら女性たちの話をすべて否定していたわけではなかったようです。「もしかしたら」との思いが二人の心にはあったのかもしれません。とは言うものの、二人は今なお、イエスを十字架に失った悲しみと挫折の中にいたのです。御使いが女性に語ったのと同様に、二人もまた生きている主を「死人の中に」捜し続けていたのでした。

私たちはここで、そんな二人に現れていく、主イエスの三つの姿に目を留めたいと思います。

近づく主イエス

第一は、近づいて来る主イエスです。復活の主はどこからともなく現れると、エマオを目指す弟子たちの傍《かたわ》らにスッと近づいていかれました。

話し合ったり論じ合ったりしているところに、イエスご自身が近づいて来て、彼らとともに歩き始められた。しかし、二人の目はさえぎられていて、イエスであることが分からなかった。イエスは彼らに言われた。「歩きながら語り合っているその話は何のことですか。」す

ると、二人は暗い顔をして立ち止まった。(ルカ24・15〜17)

この箇所を読みながら、私の印象に残ったのは、復活の主イエスの「自由さ」でした。主イエスは何ものにも縛られることなく、戸惑いの中にある弟子たちの近くに自然に現れ、近づいていくのです。しかも主は、まるで二人の必要を知っておられるかのように、彼らの傍らに寄り添い歩き始めていくのでした。

共に寄り添い歩いていく主イエスの姿も自由です。エマオまでの道のりは、おそらく数時間ほど要するものだったでしょう。主イエスはその間、最初はほとんど聞き手に徹し、傍らで二人にペースを合わせながら耳を傾けていくのです。二人の弟子たちの暗く落ち込む姿を見て取ったからでしょうか。

二人はイエスに対し、「この方こそイスラエルを解放する方だ、と望みをかけて」(同24・21)いたのでした。でも、そのイエスが十字架に死んでしまったのです。十字架は二人にとって、実に大きなつまずきだったのでした。主イエスは、そんな彼らの悲しみに寄り添い、一緒に歩き始めるのです。でも弟子たちは、この不思議な同伴者の正体に少しも気づくことがありませんでした。

不思議な同伴者

この場面は、まるで有名な「あしあと」の詩を見ているかのようです。苦しみや悲しみの時に私たちは、自分が孤独で歩いているかのように思ってしまうものです。しかし振り返ると、砂浜にはもう一人のお方、イエス・キリストの足跡が残っていたという詩が「あしあと」です。素敵な詩なので、最初の部分だけを短く引用します。


ある夜、わたしは夢を見た。

わたしは、主とともに、なぎささを歩いていた。

暗い夜空に、これまでのわたしの人生が映し出された。

どの光景にも、砂の上にふたりのあしあとが残されていた。

ひとつはわたしのあしあと、もう一つは主のあしあとであった。

(マーガレット・F・パワーズ著、松代恵美訳『あしあと』太平洋放送協会、一九九六年、二〇頁)


このエマオ途上の場面では、まさにこの詩のように、悲しむ弟子たちの傍らに静かに寄り添っていく、そんな復活の主イエスが描かれています。

しかし、だからこそ余計に残念ですね。二人の弟子は、その主イエスに気づかないのです。そんな中で繰り広げられる弟子たちと主イエスのやり取りは、まるでコメディーを見ているように滑稽《こっけい》です。例えば弟子たちは、女性たちからの伝聞として、「(御使いたちは)『イエス様が生きて

と、主イエス本人に訴えていくのです。「そんな話がありえると思いますか」と言うのですが、これは思わず笑ってしまいそうになる場面です。でも、どうして弟子たちは、話している相手が主イエスだと分からないのでしょう。その理由が16節に記されています。「二人の目はさえぎられていて、イエスであることが分からなかった。」

「さえぎられていて」という、聖書特有の書き味は、外からの力が働いて、彼らの目をさえぎっていたことを教えています。「さえぎる」という言葉には、普通ですと否定的なニュアンスがありますね。でも私は、さえぎられて見えなかったことを、必ずしも否定的に捉える必要はないと思っています。このことについては、後でもう一度触れることにします。

とにかくエマオへの途上において二人の弟子は、周囲で起こっていることを理解しようと必死でした。十字架のつまずきがある一方で、イエスの遺体がなくなったことには戸惑っています。「いったい何が起こったのだろう」と二人は悩み、論じ合っていました。そんな二人に主イエスはどこからともなく自由に近づき、耳を傾けながら寄り添っていくのです。

このように復活の主が弟子たちに寄り添っていく様子は、心に残る場面です。こういう主イエスの自由さを見ていると、私も思わず期待を抱いてしまいます。主イエスは私たちの人生の旅路にも、こうして近づき、寄り添ってくださるのではありませんか。良い時だけでなく、私たちが下を向き、抱えきれない問題に圧倒される時にも、主は私たちに気づいて、自由に近づいて来られるのでしょう。しかもこのお方、私たちの抱える問題に深い関心を寄せているのです。エマオ途上で弟子たちに「その話は何のことですか」と問いかけたように、主イエスは寄り添いながら、私たちの話を「聴く耳」となってくださるお方です。でも私たちは多くの場合、気づかないのです。私たちの傍らに主イエスがおられることに気づかずにいることの何と多いことでしょう。

それでも、慰めは変わらずにあるのです。たとえ私たちが気づかずとも、私たちの歩く人生の砂浜には寄り添う主の足跡が残っていると信じます。まずは近づき、寄り添うお方がいることを最初に確認していきましょう。

聖書を解き明かすキリスト

次に目を留めるのは、聖書を解き明かす主イエスです。主はエマオ途上において、「聴く耳」となって弟子たちの話に耳を傾けました。しかし主は、単なる聴き手では終わらなかったのです。主イエスがギアを変えて、「語り手」となっていく瞬間を聖書は次のように伝えています。

そこでイエスは彼らに言われた。「ああ、愚かな者たち。心が鈍くて、預言者たちの言ったことすべてを信じられない者たち。キリストは必ずそのような苦しみを受け、それから、その栄光に入るはずだったのではありませんか。」（ルカ24・25〜26）

「ああ、愚かな者たち」。これは、よみがえった主イエスを死人の中に捜して落胆している、そんな弟子たちに向けられた主の叱責でした。使徒パウロも、福音の自由を悟らないガラテヤ教会に対して、これと似たような口調で語ったことがありますが（ガラテヤ3・1）、主イエスもここでハッキリと真理を悟らぬ二人を嘆いて叱っているのです。福音書を読んでいると、イエスが弟子たちを叱る場面がほかにもありますね。

でも不思議です。世の中には、たとえ叱っても愛を伝えることのできる人がいて、主イエスは、まさにそういうお方だったのでした。このお方に叱られると、落ち込むどころか反対に愛の真剣さを感じて「もっと叱られたい」くらいに思うのかもしれません。しかも、このお方に叱られると、それまで気づかなかったことに目が開かれるのです。それは主イエスが神のことばを解き明かす、まことの教師であったからでした。

エマオ途上で接近し、弟子たちの話をしっかり聴いた後、主イエスは時を見極めて語り始めます。こういう主イエスを見ていると、このお方は、本当に良いカウンセラーだったのだと思います。このお方は人の話を聴くだけでなく、その人を神のみことばにまで導いていくのです。

それからイエスは、モーセやすべての預言者たちから始めて、ご自分について聖書全体に書いてあることを彼らに説き明かされた。（同24・27）

主イエスによる聖書の説き明かしの中、二人の弟子は忘れられない時間を過ごします。そして聖書を通して、彼らの問題も解決へと導かれていったのでした。じれったいことですが、この二人は、説き明かしてくださっているのが主イエスだとは、いまだに気づいていないのです。しかし、そうであってもみことばに耳を傾ける中、心に抱えていた悲しみもつまずきも、すべてが溶かされていったのですから不思議です。

この春で、私は伝道者生活の三十三年目に入りました。新潟において牧師としての働きを始めた私は、その後、台湾での宣教師時代を経て、今は千葉の船橋と、働きの場所がいろいろ移り変わってきました。そんな変遷の中でも三十年以上、私が変わらずに目指してきた礼拝があります。それはキリストと出会う礼拝です。説教者である私が聖書から語る時に聖霊が働き、聴く人たちがみことばの内にキリストご自身の声を聴くことができたらと、ひたすらにこのことを願ってきました。そして、説教の中で聴いている人たちも気づくのです。みことばを語っているのは、説教者ではなく、実は主イエスご自身が語っているのだと。そのようにして聴く人たちがみことばを通して主イエスに出会い、その声に聴く中で重荷から解き放たれて力を回復していくのです。そして、そのようにキリストに出会った一人ひとりが結び合わされていく場所が礼拝にほかなりません。

私たちには、誰かの話を聴くよりも、まずは自分の話を聴いてほしい、と願う傾向があると思います。特に問題の渦中にいる時はそうですね。私たちは自分の不満や不安を口にしたいし、聴いてくれる人を求めるものです。そんな私たちですから、最初は心にある悩みを口に出すのもいいでしょう。祈りを通じて主イエスに聴いていただいたらいいのです。エマオ途上の弟子たちも最初はそうでした。

しかし、やがて私たちは口を閉ざし、主イエスに譲っていく必要があります。人の魂を養う力のあるキリストのことばを響かせるのです。そうやって、ただみことばが語られ、聴かれていく時に、私たちはキリストに出会い、人生の波は静まっていきます。最後は、ただキリストのことばが聴かれなければなりません。二人の弟子たちがそうだったように、ただ主イエスのことばだけを響かせていくのです。日曜の朝、教会に行くと、主イエスに会い、その声を聴くことができる。そんな礼拝を整えていけたら、どんなに素晴らしいことでしょうか。

たとえ見えなくとも、主イエスはともに

最後に目を留めるのは、見えなくなった主イエスの姿です。

そして彼らと食卓に着くと、イエスはパンを取って神をほめたたえ、裂いて彼らに渡された。すると彼らの目が開かれ、イエスだと分かったが、その姿は見えなくなった。二人は話し合った。「道々お話しくださる間、私たちに聖書を説き明かしてくださる間、私たちの心は内で燃えていたではないか。」（ルカ24・30～32）

それは夕食の時でした。二人の弟子はある瞬間、見知らぬ旅の同伴者が実は主イエスご自身だったことに気づくのです。それは一瞬のことで、主の姿はすぐに見えなくなってしまいます。この場面を読むと、私たちは咄嗟《とっさ》に思うのです。「主よ、どこへ行ってしまわれたのですか」と。主イエスははたしてどこに行ってしまったのでしょうか。

しかし、「どこへ」と問うことは不要なことであったのだ、と、聖書を読み返す中で私は気づきました。なぜなら二人の弟子たちには、主イエスが見えなくなった後も、少しもがっかりした様子がないのです。悲しんでいる様子もありません。それどころかむしろ、彼らは喜び勇んでエルサレムに戻り、エマオ途上で起こったことを他の弟子たちに伝えていったのでした。

ここで私たちは31節を注意深く読む必要があります。そこには「その姿は見えなくなった」とあるだけで、「主イエスが離れた」とも、「いなくなった」とも書かれていないのです。つまり「見えなくなった」だけなのです。聖書を通して心燃やされた弟子たちは、たとえ見えなくとも主が共におられることに気づいたのでした。聖書の解き明かしを通して心燃やされた余韻が、彼らにそのことを教えていたのです。

そうです。見えるか見えないかは、実は大事なことではないのです。もしみことばに聴き、みことばの内を歩むなら、主イエスは私たちとともにおられます。私たちがみことばに聴いて歩んでいるなら、主イエスはイースターの季節の春風のように近づいて、あなたの心に語りかけてくださるでしょう。主は、みことばに耳を傾ける信仰者のすぐ傍らにおられます。そして、私もそのことを学び続けているのです。

私自身、多忙な仕事と責任の重さに疲れを覚えることの多い日々を過ごしています。朝起きた時、「今日、この一日を乗りきれるだろうか」とそんな思いを抱くことがあります。でも不思議です。朝起きた後のひととき、聖書を開くと、その日に必要なみことばが備えられていることがあるのです。そして心に語りかける主の励ましを聴いた後、私も応答として主に祈ります。すると私の心の波が、いつしか静かな凪《なぎ》に変わっているのを、これまで何度体験してきたことでしょうか。

「人はパンだけで生きるのではなく、神の口から出る一つ一つのことばで生きる」（マタイ4・4）とイエス・キリストは言われました。神に造られた私たち人間は、神のことばを通して主の声を聴くたびに生命を回復していくのです。神のことばに聴く時に、人は復活の主イエスと出会います。そして重荷を下ろして心燃やされ、復活の新しい希望の中に生き始めます。そのようにみことばに聴く人たちの集まりを、聖書は教会と呼ぶのです。お祈りします。

あなたがたはイエス・キリストを見たことはないけれども愛しており、今見てはいないけれども信じており、ことばに尽くせない、栄えに満ちた喜びに躍《おど》っています。（Ⅰペテロ1・

8）
天の父なる神さま、世の終わりまでともにおられる主イエスが、御霊《みたま》により、みことばを通して私たちに語っておられることを感謝します。心燃やされてエルサレムに帰った二人のように、私たちもまた、この良き知らせを語り伝える者としてください。復活の主イエス・キリストの御名《みな》によって祈ります。アーメン。

堅く閉ざした心を開かせたイエスのひと言

吉村　和記

その日、すなわち週の初めの日の夕方、弟子たちがいたところでは、ユダヤ人を恐れて戸に鍵がかけられていた。すると、イエスが来て彼らの真ん中に立ち、こう言われた。「平安があなたがたにあるように。」

こう言って、イエスは手と脇腹を彼らに示された。弟子たちは主を見て喜んだ。

イエスは再び彼らに言われた。「平安があなたがたにあるように。父がわたしを遣わされたように、わたしもあなたがたを遣わします。」

（新約聖書「ヨハネの福音書」20章19〜21節）

イエス・キリストは今も生きておられます
このお方は、私たちの人生のすべてに間に合ってくださるお方です

これは、私が生涯かけて人々に伝えたいことを、ひと言にまとめた言葉です。ところが、この確信が持てるようになるその時まで、イエス・キリストの存在は私にとって単なる頭の知識でしかありませんでした。そこに喜びや平安はまったくなかったのです。ある時、聖書を読んでいて驚いたことがあります。キリストの弟子たちも、かつての私と同じだったと気づかされたのです。

新約聖書にこんな言葉が出てきます。

その日、すなわち週の初めの日の夕方、弟子たちがいたところでは、ユダヤ人を恐れて戸に鍵がかけられていた。（ヨハネ20・19）

「その日」とは、キリストが復活された日のことです。その夕方、弟子たちは恐怖におののいて部屋の戸に鍵をかけていたというのです。なぜでしょう。キリストの復活を信じきれずにいたからです。聖書の他の箇所を見てもそうですが、疑いに揺れる弟子たちの心模様がそのまま描写されています。

私たちはどうでしょう。十字架にかけられたキリストが三日目にはよみがえったと聞かされても、そのままずぐに信じることができるでしょうか。

それならば、どうして弟子たちは確信をもって復活されたキリストを証《あか》しする人に変えられていったのか。これから聖書の言葉を通して一緒に考えていきたいと思います。

堅く閉ざした心を開かせたイエスのひと言

キリストが復活されたあの日、弟子たちは部屋の扉だけでなく、心も堅く閉ざしていたはずです。では、何がその心を開かせたのでしょう。彼らに会うなりイエス様は開口一番、次のひと言をおっしゃったのです。

「平安があなたがたにあるように。」(同20・19)

彼らにとってこの言葉は忘れられないものになったと思います。あの時のイエス様の声のトーン、冷たい部屋にあふれた温かな雰囲気、たったひと言で心底ホッとさせられた自分たちを思い起こすたびに、弟子たちは涙がこぼれそうになったのではないかと私は想像するのです。

ではここから、弟子たちの心の変化に注目していきましょう。

裏切った罪でイエス様に合わせる顔がなかった弟子たち

聖書には、いきなり結論と思われるような文言が書かれていることがあります。今の今まで恐れおののいていたのに、復活されたイエス様と再会して「弟子たちは主を見て喜んだ」（同20・20）と書かれているのです。聖書に書かれている言葉を私も信じています。けれども話はそんなに単純なことだったのでしょうか。彼らの心の奥にはもっと複雑なものがあったのではないかと思うのです。

弟子たちが喜べるようになったプロセスを考えないまま、この言葉を読み流してしまったら、聖書がリアリティのある現実の話として、私たちの心に入ってこないと私は思います。

イエス様の次は自分たちに攻撃の的が絞られると思って、弟子たちはユダヤ人を恐れたのでしょう。けれども実はもっと恐れていたことがあったのではないでしょうか。それは復活されたイエス様ご本人と会うことです。なぜならば、十字架刑にされる前の晩、弟子たちはみんなイエス様を見捨てて逃げてしまったからです。

私たちはどうでしょう。裏切ってしまった相手と自分から会いたいと思うでしょうか。

忘れられない裏切り行為

中学二年の時、どうしても私は上村君と遊びたくなったのです。でもその前に山本君と遊ぶ約束をしていました。山本君とは学校も毎日一緒に行く、そんな仲だったのです。そして元々、山本君は上村君とも友達でしたから、三人で遊べば何の問題もありませんでした。ところが移り気な思春期です。どうしてもあの日、私は上村君とだけ遊びたくなったのです。上村君はギターを弾けましたが、山本君は弾けませんでした。それで中学生の私はどうしたか。「ごめん。今日は用事ができて遊べなくなった」と山本君にウソをついたのです。

私はそのまま上村君の家に直行しました。彼の部屋で二人してギターをかき鳴らし、その楽しさがマックスに昇りつめた時、突然、ガラっと部屋の戸が開いたのです。誰が立っていたでしょう？　怒りに震える山本君が立っていたのです。私は凍りついて動けなくなりました。山本君は私たち二人を見るなり、また戸をバタンと閉めてダーと走り去って行ったのです。慌てて上村君が部屋から出て彼を追いかけて引き留めようとしたのですが、山本君は上村君の手を振りほどいて、「もういい！」、そう叫んで走って行ったということでした。部屋に帰って来た上村君からその話を聞いて私は意気消沈し、遊ぶのも切り上げてトボトボと自分の家に帰って行ったのを覚えています。

そこからです。私は山本君を裏切ってしまったという良心の痛みに苦しみました。日曜日、教会の礼拝に出ていても、昨日の出来事がグルグル頭を回って集中できません。その日の夕方、もう限界だと思ってイエス様にお祈りしました。そして彼に電話をする決心をしたのです。ようやくの思いで電話をかけて恐る恐る「もしもし、山本君ですか」と始めましたが、そこからどうにも言葉が出てきません。しばらくの沈黙の後、やっと「昨日はごめん」というひと言が出てきました。するとしばらく山本君も無言でしたが、小さな声で「もういいよ」と言ってくれました。私たちは翌日の月曜日からまた二人で学校に行けたのです。

このように、裏切った相手と再会するのは決してうれしいはずがない。ものすごく恐れを感じることだと思うのです。20節に「弟子たちは主を見て喜んだ」と書かれてはいます。あたかもすぐに起こったかのような、恐れていた弟子たちが一瞬にして変わったかのような印象を与えます。けれども実はそうではなかったのではないか。決してそんなきれいな話ではなくて、そのプロセスには彼らの中に、もう言葉にするのも難しい複雑な感情、イエス様にとても顔向けできるような自分たちではないとの思いがあり、それで部屋に鍵をかけて堅く心を閉ざしてしまっていたのではないかと私は思ったのです。

裏切った相手を包み込んでくださるイエス様

そんな恐れに満ちた彼らの心に変化が起こりました。19節と20節には次のように書かれています。

その日、すなわち週の初めの日の夕方、弟子たちがいたところでは、ユダヤ人を恐れて戸に鍵がかけられていた。すると、イエスが来て彼らの真ん中に立ち、こう言われた。「平安があなたがたにあるように。」こう言って、イエスは手と脇腹を彼らに示された。弟子たちは主を見て喜んだ。

愛するお方を裏切って我が身かわいさに逃げてしまった、その時のやるせない思いから抜け切れずに部屋に閉じこもっていた彼らのところに、なんとイエス様のほうから来てくださって、恨み言や裁きの言葉などいっさい口にせず、ただ「平安があなたがたにあるように」とおっしゃってくださったのです。

ここで、このひと言に込められていた意味を考えつつ、なぜ弟子たちが喜ぶことができたのか、その理由も一緒に考えてみたいと思います。

ああ、自分たちは赦されている

①弟子たちが主を見て喜べた理由の一つは、このひと言で、「ああ、自分たちは赦されている。裏切った罪をイエス様はもう赦してくださっていたのだ」という確信が持てたからではないでしょうか。

私の中二のあの日の夕方、電話をして山本君から赦しの言葉を聞けたから、私は翌日また、いつもと同じように彼と並んで学校に行くことができました。「もう、いいよ」というひと言を聞くまでは、ずっと私は苦しんでいたと思います。あの時、イエス様からの第一声が「平安があなたがたにあるように」との言葉だったということは、裏を返せば「もうお前たちは恐れる必要はない。後悔し続けるのはやめなさい。わたしはもうあなたがたを赦している」そう言われているように受け止めることができたから、彼らは喜べたのではないでしょうか。
しかも20節を見ますと、「こう言って、イエスは手と脇腹を彼らに示された」とあります。あの時、復活して彼らの真ん中に立っておられたのは、十字架ですべての人間の罪を身代わりに負ってくださったイエス様でした。その傷あとをお見せになったということは、「あなたがたの罪は、わたしの十字架の死によって赦されている。だから信じて先に進みなさい」というメッセージを彼らに伝えておられたのだと思うのです。

ああ、イエス様は復活しておられる

②彼らが主を見て喜べた理由としてもう一つ考えられるとするならば、あの時彼らの中で、もうはっきりとイエス様はよみがえっておられると確信できたからではないでしょうか。だから、今日からまたこのお方との新しい関係が始まるという、何とも言えない喜びと希望が湧いてきたのだと思うのです。
私も山本君から赦してもらった後は、もう一度、新しい気持ちで彼と付き合えるようになったことを覚えています。

イエス様は、弟子たちの〝これから〟を、すでに見据えておられた
なぜ、彼らは部屋の戸も、自分たちの心も堅く閉ざしたままだったのでしょう。
どうしても自分を赦すことができなかったのかもしれません。あれほどまでに愛され、誰より
も信じてくれたお方を、あんな形で裏切ってしまったのです。でもそんな彼らを完全に赦された
のはイエス様でした。復活されたこのお方と出会ってから、彼らの人生がまた動き出したのです。
そして、彼らに驚くべき使命が与えられました。

イエスは再び彼らに言われた。「平安があなたがたにあるように。父がわたしを遣わされ
たように、わたしもあなたがたを遣わします。」（ヨハネ20・21）

なんと彼らを世界に遣わすと宣言されたのです。

イエス様のほうでは、弟子たち一人ひとりのことをあきらめずにいてくださいました。

「彼らの心は復活した。彼らで大丈夫。いや、この弟子たちでなければだめなのだ。」

ここまで期待されて変わらない人がいるでしょうか。


このあと、彼らは全く別人のようになっていきます。聖霊なる神さまが自分たちの心の中にいつも一緒にいてくださるという実感が伴うことで、ますます大胆に、確信をもって、生きておられるキリストを証しするように変えられていったのです。その時の様子が、新約聖書の中に書か

れています。

ある時、足の不自由な人を目にした時の彼らの言葉はこうでした。

「金銀は私にはない。しかし、私にあるものをあげよう。ナザレのイエス・キリストの名によって立ち上がり、歩きなさい。」（使徒3・6）

彼らにはお金はありませんでした。ところが、それ以上の〝お方〟を持っていたのです。

それが、生きておられるイエス・キリストでした。このお方の力によって、生きづらさを抱えた目の前の人を立ち上がらせ、その後、神を賛美しながら一緒に歩いて行ったと書かれているのです。

終わりに
私たちは、いつも何かにおびえて不安な日々を暮らしています。裏切った過去を忘れきれず、逆に裏切られた記憶もなかったことにはできません。

そんな思いの中に閉じこもって、あの時の弟子たちと同じように、今も堅く心を閉ざしたままの方もおられると思います。

けれども、生きておられるイエス様が、近づいて来てくださいます。

そして、裁きではなく、温かいあのひと言を告げてくださるのです。

「平安があなたがたにあるように。」

しかもそれで終わりではありません。先の希望を見失っていた弟子たちに生きる使命を与えて前進させてくださったように、イエス様は私たちの〝これから〟もご存じで、確かな道に導いてくださいます。

イエス・キリストは今も生きておられます
このお方は、私たちの人生のすべてに間に合ってくださるお方です

どうか、信じてください。
ぜひ、このお方との生きた関係を、今日からスタートさせてください。

復活を信じ生きる

千田　俊昭

「わたしはよみがえりです。いのちです。わたしを信じる者は死んでも生きるのです。」

（新約聖書「ヨハネの福音書」11章25節）

復活はナンセンス⁉

「十字架も復活もナンセンス。恐い神様サヨウナラ！」　これが中学・高校と教会に通った私の結論でした。また、進学したミッション系大学の図書館の壁にあったのは「ヱホバを畏《おそ》るるは知識の本《もと》なり」（箴言1・7、文語訳）。「またおそれるかぁ……」と思い、朝のチャペルは在学中ほとんど欠席。ただ、キリストの言葉に惹《ひ》かれるものを覚え、聖書は少しずつ読み続けました。

ナンセンスと考えたのは、「キリストはあなたの罪のために十字架にかかられ、三日目に復活された」と言われたからです。「『あなたのために』と言われても自分は別に頼んでいないし、あなたの罪のためというけど、警察に面倒をかけたことはない。それに復活は非科学的で、二千年も昔の外国の神話。自分には関係がない」と思ったのです。

転機が訪れたのは二十八歳の時。「語学を学びたい！」という思いがきっかけでした。勤務先のアルバイト学生に紹介された牧師に会った時、「礼拝後なら無料でお教えします」と言われ、「礼拝なら昔、通ったことがあります。どうぞ宜《よろ》しく」とお願いしました。

こうして二年ほど経った三十歳の夏、私は思いがけず四重苦に襲われ、蟻地獄に落ちたかのような恐怖と苦しみとを味わいました。ギックリ腰で歩けなくなった時に風邪をこじらせ、その上かねてからの借金苦が重なり、深い鬱《うつ》状態に陥ってしまったのです。もがけばもがくほど、ズルズルと奈落の底に落ちて行くような恐怖感の中で「神様！　助けてください！」と呻《うめ》きました。

その時、イエス様のことば「わたしの名によって……求めなさい」（ヨハネ16・24）が思い出されたので、「イエス様のお名前によってお願いします、アーメン！」と付け足しのような祈りをしました。生まれて初めての真剣ながら幼い祈りでしたが、その途端に蟻地獄のズルズル感がピタッと止まるのを覚えました。

しかし、その不思議な平安の中で、今度は自分がそれまでの三十年間に犯してきたさまざまな罪が、頭の中を走馬燈のようにグルグル回り始めたのです。私は苦しくなり、「自分では全部を償いきれない！」と思った時、十字架上のイエスの言葉が響いてきました。

「父よ、彼らをお赦しください。彼らは、自分が何をしているのかが分かっていないのです。」（ルカ23・34）

これは私のためのとりなしの祈りに思われ、ここにだけ自分が赦される道があると思いました。そして、「十字架という激しい苦しみの中で、こんなとりなしの祈りができるのは人間じゃない。これがイエスは神の子、救い主キリストという意味だったのか！　しかも、あれほど信じられなかった復活も、聖書が言うとおり、それが事実だったとすれば、この方が言ったことは必ず成るという確かな証拠だ。そして、この十字架と復活を預言し成就したのは神様の愛。すると世界は神の愛でできているんだ！」と分かりました。

次の週の礼拝後、牧師にこの体験を話したところ、バプテスマ（洗礼）を勧められました。しかし、その説明をいくら聞いても分からなかったので、そのころ手に入れた聖書語句辞典を使って、新約聖書で「バプテスマ」が出てくる箇所を最初から調べていきました。そして、マルコの福音書16章16節で「信じてバプテスマを受ける者は救われます。しかし、信じない者は罪に定められます」というイエス様の言葉に行き当たった時、「あなたは救われたいのか？　それとも救われたくないのか？」との迫りを覚え、「救われたい！」と思って受洗を決め、電話でその旨《むね》を牧師に伝えました。バプテスマとは、古い自分に死に、新しいいのちに生かされる神の業《わざ》だということを知ったのは、しばらく後のことです。

洗礼式を終えて水から上がった時、牧師に耳元で「千田さん、あなたの人生変わりますよ」と囁《ささや》かれたのですが、私は心の中で「変わるもんか。三十年間、何も変わらなかったんだから」と呟《つぶや》いたのです。しかし、間違っていたのは私で、本当に変えられました。それまで読んだどんな本も人間の書いた言葉であって私を変えなかったのに、生ける神の言葉が私に迫り、救いに導いたということを体験して、「聖書という神の言葉の書を真剣に学んでみたい！」との願いが心に湧き起こってきたのです。

解決すべきさまざまな問題もありましたが、すべて整えられ、二年後に神学校への道が開かれました。

復活の検証

冒頭で「十字架も復活もナンセンス」と思ったことが、教会に行くのをやめた理由だと述べましたが、同じような思いをしている人は多いのではないでしょうか。では、なぜ復活は非科学的で信じられないというのでしょう。それは、科学上の真理と認められるためには、実験などによって証明できなければならないからです。

しかし、キリストの復活は歴史上の出来事なので、もう一度実験して証明することはできません。歴史の検証には、文献記録などをよく調査することが大切であるように、復活についても、当時の記録や、特に目撃者の証言である聖書をよく調べることが、真否を確かめるのにふさわしい方法なのです。いくつかの観点から検証してみましょう。

第一に、マタイ・マルコ・ルカ・ヨハネがイエスの生涯を記した四つの福音書は、キリストは十字架上の死から三日目の朝に復活したと記しています。比較して気づくことは、この四つの証言が大筋においては一致しながら、細かい点になると必ずしも合致していないということです。たとえば、週の初めの日の早朝、墓に行ったのは数人の女性たちだったと言うのはマタイ（28・1、二人のマリア）、マルコ（16・1、三人の女性）、ルカ（24・1、女たち）ですが、その人数が一致しません。しかも、ヨハネはマグダラのマリアが一人で行ったように書いていきます（ヨハネ20・1）。「ほら、やっぱり怪しい」と思うのは実はシロウト考えで、捜査・裁判のプロになると、数人の証言が細かい点まで判を押したように一致する時にこそ「クサイ」と直感するそうです。口裏を合わせた可能性が高いからです。この点で福音書記者の証言は、むしろ合格すると言えます。

第二に、イエスは復活したのではなく、その遺体が盗まれたのではないかとの疑問を持つ人がいるかもしれません。イエスを葬った墓は確認されており、そこは埋葬後に封印され、ローマ兵によって厳重な番をされていたのです。ところが、日曜日の朝、その封印は破られ、墓は空っぽになっていたというのですから、誰かが盗んだと考えるのが自然です。もし犯人がいるとすれば、次の三グループのうちのどれかに属することになります。

①イエスの弟子たち、あるいは、その周辺の人々（イエス派）
②ユダヤ教の指導者、あるいは、その一派（反イエス派）
③たとえば、ローマ兵といった誰かのいたずら（中立派）

もし復活が起きたのではなく、誰かがイエスの遺体を盗んだのだとすれば、第一の候補者は、①イエス側の誰かです。これは常識的には一番ありそうで、ユダヤ教側ではそのように主張しています。このあたりの事情について、マタイは次のように記しています。

祭司長たちは長老たちとともに集まって協議し、兵士たちに多額の金を与えて、こう言った。「『弟子たちが夜やって来て、われわれが眠っている間にイエスを盗んで行った』と言いなさい。もしこのことが総督の耳に入っても、私たちがうまく説得して、あなたがたには心配をかけないようにするから。」そこで、彼らは金をもらって、言われたとおりにした。それで、この話は今日までユダヤ人の間に広まっている。(マタイ28・12〜15)

しかし、キリスト教の歴史は「迫害の歴史」と言われるほどですが、その最大の殉教者であった使徒たちが、どうして自分が嘘と分かっていることに、真剣に命を投げ出していくことができたというのでしょうか。真理のために命を賭ける人がいても、嘘のために命を投げ出す人はいないはずです。こうしてみると、弟子たち、もしくはそのグループの誰かではありえないことになります。

では、ほかの人が遺体を盗んだという可能性はどうでしょうか。このうち②の反イエス派はまったく問題になりません。なぜなら、イエスの弟子たちが「キリストは復活した!」と主張した時に、イエスの死体を持ち出せば、それで事は何の問題もなく一件落着するからです。それをしなかったということは、遺体盗みに関して、反イエス派は完全に無罪ということになります。

また、③の中立派やローマ兵のいたずらということもありえません。なぜなら、いたずらの動機は単に人を驚かせることにありますから、盗んでいたとしたら、早晩、遺体を持ち出してきてアッと驚かせたに違いないからです。

このように考えてくると、誰かがイエスの遺体を盗んだということはありえないと分かります。

実は単なる推論からではなく、実際上それが不可能だったことを示す聖書の記述があるのです。

第三に、イエスへの死刑執行を許したローマ総督ピラトは埋葬後、厳重な墓の警備を要求するパリサイ人たちに「番兵を出してやろう。行って、できるだけしっかりと番をするがよい」と言いました（マタイ27・65）。この「番兵」と訳されている言葉クストディアンは、よく訓練された十六人の兵士からなる、ローマ軍の「方陣」を構成する一単位でした。この無敵を誇る方陣戦術がローマの世界帝国建設を推進したのです。戦闘機械のように訓練されていたクストディアンを破って押し入ることは不可能に近く、墓はこうして厳重に警備されていたのです。その彼らが「眠って」（同28・13）いて警備を破られたりすれば、軍規により死刑でした。これが、祭司長がローマ兵に言った「もしこのことが総督の耳に入っても、私たちがうまく説得して、あなたがたには心配をかけないようにするから」（同28・14）という言葉の背景だったのです。このように、墓から遺体を盗み出すなど不可能だったことがわかります。

ところで、マタイの福音書27章66節には、ローマ当局によって、墓には「封印」の施されたことが記録されています。この封印は墓泥棒を防ぐためであり、粘土の上に公印が押されたものでした。ナザレで発見された大理石の破片にはギリシア語で「カイザルの詔勅……墓を破壊もしくは納められているものを移し替え、または封印を外した者は直ちに裁判に付し……有罪の場合は死刑に処すべきである」と刻まれていました。この大理石の破片は、キリストの十字架以後の時代のものであることが確認されていますが、墓に関する犯罪はローマ法上、従来は罰金刑だったのに、なぜ死刑という極刑に変えられたのでしょうか。この疑問に答えうるものは、キリストの復活です。

さらに、マタイの福音書27章60節とマルコの福音書16章4節に、墓の入り口に転がしてあった石は「非常に大きかった」と記されています。どのくらい大きかったのかについて、ベーザという新約聖書の古代写本には「男二十人でも動かすことができないほどだった」と書かれています。昔のイスラエルのお墓は洞窟が多く、その入口には円形の切り石を転がして蓋にするのが普通でした。男二十人でも動かせない大きさの石といいますと、少なくとも一・五〜二トンの重さのものだそうです。道理で早朝に墓に急いでいたマリアたちが「だれが墓の入り口から石を転がしてくれるでしょうか」（マルコ16・3）と話し合っていたわけです。これらのことからわかるのは、ある人たちが言うような、「キリストは気絶していたのであり、後で意識が戻って、中から石を動かして出て、警備兵の隙を見て逃げたのだ」などということはありえなかったことです。

以上のことから、キリストが復活したのは、疑いえない事実だということがわかります。キリスト教信仰は、イエス・キリストの十字架による死と三日目の復活という、この歴史的事実に立っているのです。

しかし重要なのは、それが私たちとどういう関係があるのかということです。

復活を論じる？　存じる？　信じる！

こんなふうに言う人がいるかもしれません。「キリスト教はなぜそんなことにこだわるのか。宗教というものは高い道徳・倫理・深い真理を示して人間を救いに導くためのものではないのか？　それに、二千年も前の十字架や復活がどうして、今を生きる力になるというのか？」これは大切な疑問です。ただ、宗教とは何かを論じることがここでの目的ではなく、復活の意義が問われているのです。

さて、主イエスの弟子たちでさえも、初めは復活が信じられなかったということが伝えられています。たとえば、この日、二人の弟子がエマオ村に行きながら、復活について「話し合ったり論じ合ったりしているところに」復活した主イエスご自身が一行に加わったにもかかわらず、なかなか気づかなかったのです（ルカ24・13～32）。

また以前、主イエスが病死したラザロを復活させる際のマルタとの会話を、ヨハネは次のように伝えています。

マルタはイエスに言った。「主よ。もしここにいてくださったなら、私の兄弟は死ななかったでしょうに。しかし、あなたが神にお求めになることは何でも、神があなたにお与えになることを、私は今でも知っています。」イエスは彼女に言われた。「あなたの兄弟はよみがえります。」マルタはイエスに言った。「終わりの日のよみがえりの時に、私の兄弟がよみがえることは知っています。」イエスは彼女に言われた。「わたしはよみがえりです。いのちです。わたしを信じる者は死んでも生きるのです。また、生きていてわたしを信じる者はみな、永遠に決して死ぬことがありません。あなたは、このことを信じますか。」彼女はイエスに言った。「はい、主よ。私は、あなたが世に来られる神の子キリストであると信じております。」（ヨハネ11・21〜27）

マルタは神の全能と終わりの日のよみがえりのことを「知って」（口語訳では「存じて」）いました。しかし、主イエスは「信じる」ことを求めたのです。このように、復活は「論じ」ても「存じ」ても力にならず、「信じ」る時に今を生きる力となるのです。

では、何を信じるのでしょうか。パウロは「コリント人への手紙第一」15章で、復活信仰について詳しく述べていますが、その神髄を次のように記しています。

もしキリストがよみがえらなかったとしたら、あなたがたの信仰は空しく、あなたがたは今もなお自分の罪の中にいます。そうだとしたら、キリストにあって眠った者たちは、滅んでしまったことになります。もし私たちが、この地上のいのちにおいてのみ、キリストに望みを抱いているのなら、私たちはすべての人の中で一番哀れな者です。

しかし、今やキリストは、眠った者の初穂として死者の中からよみがえられました。死が一人の人を通して来たのですから、死者の復活も一人の人を通して来るのです。アダムにあってすべての人が死んでいるように、キリストにあってすべての人が生かされるのです。

（Ｉコリント15・17〜22）

かつてはキリスト教への過激な迫害者だったサウロが、復活の主イエスに出会って自分の罪の重さを知り、十字架の贖いによる罪の赦しを知って新生を体験し、この福音を遠く異邦の地へ伝える使徒パウロに変えられたのです。救いによる本当のいのちを心から求める人々に、キリストは今も出会ってくださいます。

復活は教会にもある

神学校卒業後、一年間の研修を終えて、出身教会（母教会）に戻ってみると、玄関に貼り紙がしてあり、少し前に閉鎖・売却されていたことを知りました。「教会には誕生と成長だけでなく、死もあるんだ」という大きなショックでした。しかし、この十四年後、私たちの信仰は死で終わらない。教会にも復活があると体験することになります。

十二年後のことです。登録して十年間、何事もなかった骨髄バンクドナーに立て続けに二度も該当し、そのたびに大学病院でドナー講習を受けました。講習で「九九パーセント大丈夫ですが、一パーセントはドナーさん自身の死亡もありうることをご了承いただけますか？」と言われたので「わかりました。私は牧師です」と答えました。二回とも患者さんの都合により「コーディネート終了」になったのですが、考えさせられたのは「これは、『死の準備をしなさい』という神様からのメッセージではないか」ということでした。

私の死亡によって一番問題になるのは、私名義の教会堂不動産です。宗教法人格がないので、購入時に個人財産として登記せざるをえなかったのです。そこで思いついたのは、会堂購入の時にお世話になったミッション団体に寄付し、無料の使用貸借契約にしていただこうということでした。お願いしてみたところ、了承が得られ、その夏に移転登記を済ませることができました。

ところが、その十一月のある日曜日のこと、教会の礼拝出席者がゼロになってしまったのです。教会員が去ったというのではなく、その日は皆さんのさまざまな事情が重なってのことだったのですが、私たちは「礼拝者ゼロ、財産もゼロ」と落ち込みました。

翌朝の祈りの時、読んでいた旧約聖書のみことばが目に飛び込んできました。

「あなたがたの中で、
かつての栄光に輝くこの宮を見たことがある、
生き残りの者はだれか。
あなたがたは今、これをどう見ているのか。
あなたがたの目には、
まるで無いに等しいのではないか。

しかし今、ゼルバベルよ、強くあれ。
――主のことば――
エホツァダクの子、大祭司ヨシュアよ、強くあれ。
この国のすべての民よ、強くあれ。
――主のことば――
仕事に取りかかれ。
わたしがあなたがたとともにいるからだ。
――万軍の主のことば――」（ハガイ2・3〜4）

さて、その年末に市内の「超教派新年聖会案内」が送られてきた時、二十年ほど前の友人が講師で、牧師になっていることを知り、何とか会いたいと思いました。連絡が取れ、彼の自宅で会った時、帰りがけに「この家を教会堂として買っていただけませんか？」と言われました。事情を聞くと、「幼稚園を相続して園長になったけれども、相続税が払えないので、新築八か月のこの家を手放したい」というのです。私は去年からの出来事を説明し、「ムリ、ムリ」とお断りしたのですが、「ぜひ、そのミッション団体に尋ねてみてください」と言われました。しぶしぶ問い合わせたところ「ぜひ、その物件を見たい」と言って理事が来てくださり、あれよあれよという間にミッションが購入し、私たちに無料で使用させてくださることになりました。

その建物は私がバプテスマを受けた母教会から二～三分の丘の上にあったので、ミッションの許可を得て母教会名とすることができました。こうして、翌年のイースターには、新会堂で主の御復活と母教会の復活の両方をお祝いすることができたのです。

復活は人間の思いをはるかに超える神の御業《みわざ》です。それは論じても、存じても、理解できることではありません。私たち人間は、時が来れば必ず成る神の御計画を信じ、よみがえられた主イエスのみことばに希望をいただいて待ち望みつつ、今という時を喜び生きる者でありたいと願います。主イエスがマルタを通して私たちに語られたみことばをもって結びます。

「わたしはよみがえりです。いのちです。わたしを信じる者は死んでも生きるのです。また、生きていてわたしを信じる者はみな、永遠に決して死ぬことがありません。あなたは、このことを信じますか。」（ヨハネ11・25～26）

いのちの道

平田裕介

神よ　私をお守りください。
私はあなたに身を避けています。
私は主に申し上げます。
「あなたこそ　私の主。
私の幸いは　あなたのほかにはありません。」

地にある聖徒たちには威厳があり
私の喜びはすべて　彼らの中にあります。
ほかの神に走った者の痛みは　増し加わります。
私は　彼らが献げる血の酒を注がず
その名を口にいたしません。
主は私への割り当て分　また杯。
あなたは　私の受ける分を堅く保たれます。

割り当ての地は定まりました。私の好む所に。
実にすばらしい　私へのゆずりの地です。

私はほめたたえます。助言を下さる主を。
実に　夜ごとに内なる思いが私を教えます。
私はいつも　主を前にしています。
主が私の右におられるので
私は揺るがされることがありません。

それゆえ　私の心は喜び
私の胸は喜びにあふれます。
私の身も安らかに住まいます。
あなたは　私のたましいをよみに捨て置かず
あなたにある敬虔な者に
滅びをお見せにならないからです。
あなたは私に
いのちの道を知らせてくださいます。
満ち足りた喜びが　あなたの御前《みまえ》にあり
楽しみが　あなたの右にとこしえにあります。（旧約聖書「詩篇」16篇1～11節）

詩篇16篇は、イスラエルの王ダビデによって約三千年前に記されました。この詩篇には、「復活」が神様からの祝福として描かれています。イースターは日本語で復活祭といいますが、それはイエス・キリストの復活を記念する日という意味です。イエス・キリストがこの世界に来られたのは今から約二千年前ですから、それよりさらに千年も前から、聖書は復活の希望について語っていることがわかります。

「復活」の前提としての「死」

「復活」という言葉は、辞書的には「死んだ者が生き返る、よみがえる」という意味です。そのため、復活は死があることを前提としています。ダビデが生きていた時代を想像すると、飢饉《ききん》や、病、戦争など、死が日常生活の中に常に存在していたことでしょう。日本で今を生きている私たちとは比べ物にならないほど「死」が身近であったに違いありません。しかし、よくよく考えると、私たちも、死と向き合うとき、ほとんどの人は恐れを抱くのではないかと思うのです。

人間は古来より、死を克服したいという願いを抱いてきました。たとえば古代エジプトでは、ファラオが復活を信じて自らをミイラとして保存し、死後の世界での成功を求めて高価な資源を副葬品や墓の建設に費やしました。中国の秦の始皇帝は不老不死の仙薬を求め、水銀を服用して中毒死したという伝説があります。現代でも「若返り」や「長寿」を銘打ったアンチエイジングの商品などは、ある意味で形を変えた不老不死への願望の現れなのかもしれません。

　そもそもなぜ死があるのでしょうか。神様がこの世界を創造されたとき、そこに死はありませんでした。しかし、最初の人間アダムが神様との約束を破り、「その木から食べるとき、あなたは必ず死ぬ」（創世2・17）と神様が仰《おお》せになった木から取って食べたために、人間は死ぬものとなり、アダムの子孫である人類は、一人の例外もなく罪を持って生まれてくることとなったのです。そして、この罪のために、すべての人間は神の御怒りを受け、神のさばきによって滅びると聖書は語っています。

　しかし、神様はイエス・キリストによって、「新しいいのち」を与え、私たちが死から復活する道を備えてくださいました。この新しいいのちとは、イエス・キリストの復活によってもたらされました。イエス・キリストは、神でありながら人となられ、この世界に来られました。そして一度も罪を犯さずにその生涯を歩まれました。そして、私たちの罪による神の御怒《みいか》りをその身に背負い、十字架上で死なれ、三日目に復活されたのです。

　使徒パウロは、詩篇16篇を引用し、キリストの復活が罪の赦しをもたらしたと語ります（使徒13・34〜39）。復活はキリストが罪と死の力に打ち勝たれた証《あか》しです。聖書は、キリストが自分の罪のために死んで復活してくださったことを信じる者は、キリストの十字架と復活を自分のものとして与えられ、罪が赦され、天国に行くことができると語っています。そして、新しいいのちによって、滅びることなく、いつまでも神様のもとに憩うことのできる「永遠のいのち」を生きることができると言っているのです。

今すでに始まっている「永遠のいのち」

「永遠のいのち」をいただいた者は、天国へ行くことが約束されていますが、実は、永遠のいのちによってもたらされるものはそれだけではありません。永遠のいのちは、神を信じる者の人生においてすでに始まっているものです。

聖書は、人間は皆「罪の中に死んでいた」と語ります（エペソ2・1）。ここで言う「死」は、単に肉体の死を意味するのではなく、本来信頼を置くべき神様から離れ、神を知らずに歩む状態のことです。

「永遠のいのち」という言葉を聞くと、いわゆる不老不死のような状態をイメージされる方が多いかもしれません。不老不死をテーマにした物語を読まれたことがあるでしょうか。たとえば、火の鳥の血を飲んだ者、人魚の肉を食べた者、吸血鬼に血を吸われた者などが、不老不死を得るというものです。これらの作品に共通しているのは、不老不死を得た人間が、愛する人を次々と亡くしたり、人生の意味を見失ったりしながら、孤独や虚無感にさいなまれる姿です。

死なずに永遠に生きること自体が、必ずしも幸せを意味しないというメッセージがここにはあると思います。それと同時に、私たちが人生の中で信頼を置いているものや大切にしているものは、はかないものであると、告げているように思うのです。実際に、そのはかなさを経験された方もおられるかもしれません。また今、幸せを感じていても、その幸せが一変するような未来を想像したときに、恐れや悲しみ、虚しさを覚えることはないでしょうか。

このように人生が不安定で不確かだと感じるのは、人間が神様から離れ、「死んでいる」状態にあるからです。聖書は、神様だけが唯一変わらない永遠の存在であることを語ります。「永遠のいのち」は、永遠に変わることのない神様に信頼を置き、神様との深い関係の中で生きる喜びを意味しています。詩篇16篇は、これを「いのちの道」と呼びます（11節）。この「いのちの道」は、死んだ後に与えられるものではなく、今、この地上で生きている私たちにもたらされるものです。それでは、「いのちの道」を歩む人生がどのようなものか、詩篇16篇を通して共に見てまいりましょう。

詩篇16篇に見る、「いのちの道」に歩む人生

神を信頼し、幸いとする人生

神よ　私をお守りください。
私はあなたに身を避けています。

私は主に申し上げます。
「あなたこそ　私の主。
私の幸いは　あなたのほかにはありません。」（詩篇16・1〜2）

「身を避ける」とは、「頼る」「信頼する」という意味の言葉です。ダビデがこの詩篇を書いたとき、彼が具体的にどのような状況にあったのかはわかりません。しかし、冒頭の「神よ 私をお守りください」という願いから察するに、自分にはどうすることもできない大きな困難の中にいたのではないかと想像できます。敵に追われていたのか、あるいは命を脅かす病に苦しんでいたのかもしれません。しかし、そのような中でダビデは、自らの能力や財産、軍隊などに頼るのではなく、まず神様に信頼を置き、さらには「私の幸いは あなたのほかにはありません」と告白しています。それは神様が絶対的なお方であり、必ず自分を助けてくださるという信頼が、ダビデにはあったからです。

五年前に天に召された私の祖母は、たいへん熱心なクリスチャンでした。彼女はとても活発な性格で、家族のため、教会のためにいつも一生懸命働き、それを自分の生きがいとしているような女性でした。しかし六十歳を過ぎた頃に、祖母は突然大きな病気に罹《かか》りました。とても珍しい免疫の病気で、みるみるうちに体が思うように動かなくなりました。数年のうちに杖をつかないと歩けなくなり、あっという間に車椅子生活になりました。手の関節が変形し、物を持ったり字を書いたりすることができなくなりました。骨折して手術をし、そのたびに入院してはつらいリハビリ生活を何か月も過ごしました。祖母を助けてくれていた祖父は先に天に召されました。しかし、それでも祖母は恨み言一つ言わず、八十五歳で生涯を終えるまで、神様への賛美と感謝を絶やしませんでした。いつも幸せで満ち足りていたのです。

そんな祖母の姿を見て、周りにいた家族はもちろん、看護師さんやヘルパーさんなど、関わってくださった方々はみな驚いていました。祖母が経験した体と心の痛みは決して小さいものではなかったはずです。それでも、神様を賛美し続けた祖母の姿を思い出す時に、私は、いのちの道を歩む者にとっての最大の喜びは、神様に信頼を置き、その関係を拠《よ》り所《どころ》として生きることなのだと改めて思わされます。もちろん、神様を信じていても、誰もが祖母のように、いつも強くいられるというわけではないかもしれません。しかし、いのちの道を歩む人の幸せは、自分を取り巻く状況に左右されることがありません。神様はご自分を信じるものを愛して、決してお見捨てにならないお方だからです。いのちの道を歩む者は、この幸せを味わうことができるのです。

教会の交わりを喜びとする人生

地にある聖徒たちには威厳があり
私の喜びはすべて　彼らの中にあります。（詩篇16・3）

苦難の中にいたダビデや私の祖母は、なぜ神様を信頼し続けることができたのでしょうか。それは決して本人たちの信仰の強さだけによるのではなかったのだと思います。そこには常に神様からの助けがありました。ここでは、この助けが、神を信じる者たち（聖徒たち）との交わりを通して与えられるのだと気付かされます。同じ神様へ信頼を置き、共に神様を礼拝する聖徒たちとの交わりが、ダビデにとって、そして祖母にとって大きな支えとなっていたのです。

思い返せば、祖母の心は常に教会とともにありました。祖母は晩年、入院などで日曜日の礼拝に出席できない時期が長くありましたが、必ず礼拝の録音を聞いていました。お見舞いに行くと、教会の方々の様子を私に尋ね、彼らのために毎日祈っているといつも話してくれました。そして教会の方々からの祈りや励ましの手紙が、常に祖母の喜びとなっていました。

教会の中心は毎週日曜日の礼拝です。それは、イエス・キリストが週の初めの日、すなわち日曜日に復活され、弟子たちがその復活を記念するために日曜日に集まって礼拝するようになったからです（使徒20・7）。そこで彼らは自分たちがイエス様の復活によって、いのちの道を今歩んでいる感謝や喜びを、共に神を信じる者たちと共有して励まし合ったのです。同じように私たちも、年に一度のイースターの時だけではなく、毎週の礼拝のたびに、共にキリストの復活を喜ぶのです。教会の交わりは、私たちがいのちの道を共に歩む励まし、支えとなります。

神に第一の望みを置く人生

ほかの神に走った者の痛みは　増し加わります。
私は　彼らが献げる血の酒を注がず
その名を口にいたしません。（詩篇16・4）

ダビデが語っている「ほかの神」とは、当時のイスラエルの周辺諸国が拝んでいた異教の神々を指していますが、実は、私たちが神様以上に信頼を置くものすべてが「ほかの神」です。健康、家族、友人、仕事、財産、能力など、神様はたくさんの賜物を私たちに与えてくださっています。これらのものを大切に思うこと自体は、決して悪いことではありません。しかし、それを自分の中心に据え、最も大切に思い、神様以上に信頼する心のあり方を、聖書は「偶像礼拝」と呼びます。

私の祖母は発病する前、家族や教会の活動ために熱心に働くことを生きがいとするような人でした。それは素晴らしいことです。しかし、「人のために働く自分」が神様と共にあることよりも大切なものになっていたとしたら、健康が失われ、働くことができなくなった時に、祖母は自分の存在意義を見失い、虚しさや喪失感に打ちひしがれてしまっていたかもしれません。それはまさに「ほかの神に走る者の痛みが増し加わる」姿です。家族や仕事、健康といったものは変わりゆくものであり、失われる可能性があるものです。こうしたものにすべての信頼を置くような歩みは、痛みにつながるのです。

いのちの道を歩む者は、この痛みから解放されています。それは、限りあるものを信頼の拠り所とするのではなく、絶対的で永遠なる神様に第一の望みを置いているからです。神様だけが変わることのないお方であり、どのような状況においても私たちを支えてくださるのです。

神をゆずりの地とする人生

主は私への割り当て分　また杯。
あなたは　私の受ける分を堅く保たれます。
割り当ての地は定まりました。私の好む所に。
実にすばらしい　私へのゆずりの地です。（詩篇16・5〜6）

ダビデはここで、「割り当て分」「杯」「私の受ける分」「割り当ての地」「ゆずりの地」といった言葉で、神様が与えてくださる祝福を表現しています。これらは、イスラエルの民が神様から与えられた「約束の地」を思い起こさせる言葉です。

ダビデの時代よりさらに五百年ほど前に、神様はイスラエルの民をエジプトでの苦しい奴隷生活から救い出されました。そして約束の地へと彼らを導き入れられたのです。イスラエルの民にとっての約束の地は、神様の救いの証しであり、祝福の確かな保証だったのです。

そして今、イエス・キリストを信じる者たちもまた、神様が確かに自分と共におられることを知ることができます。エジプトでの悲惨な状態からイスラエルの民を救い出されたように、神様は私たちを罪に死んでいた状態から救い出してくださいます。そのことによって与えられる神様との親しい関係そのものが、私たちの「ゆずりの地」、すなわち神様から与えられる祝福なのです。

神のことばによって生きる人生

私はほめたたえます。助言を下さる主を。
実に　夜ごとに内なる思いが私を教えます。(詩篇16・7)

ダビデは苦難の中で、助言を下さる主なる神様をほめたたえています。神様は私たちにこの助言を、「神のことば」である聖書を通して与えてくださいます。「聖書はあなたに知恵を与えて、キリスト・イエスに対する信仰による救いを受けさせることができます。聖書はすべて神の霊感によるもので、教えと戒めと矯正と義の訓練のために有益です」(Ⅱテモテ3・15〜16)とあるように、聖書は私たちを救いに導き、信仰者としての歩みを正しく導く、神の霊感によって書かれた誤りのない「神のことば」です。

祖母にとって、聖書は常に生活の中心でした。毎朝、祖父と一緒に聖書を読む時間を最も大切にしていました。病気が進んで指が上手く動かせなくなり、ページをめくれなくなっても、祖父の助けを借りながら、聖書を読み続けました。そして、祖父が先に天に召された後も、聖書の朗読CDやメッセージの録音を聞いて、人生の最期まで聖書のことばに耳を傾け続けていた姿は忘れることのできないものです。神様ご自身のことばによって、祖母の信仰はいつも支えられていました。親しみをもって覚えてきた聖書のことばを心の中で思い巡らせながら、喜びと希望をもって天に召されたのだと思います。

このように神に信頼を置いて歩む者は、聖書を読み、神のことばを助けとして歩んでいくことができるのです。

右におられる主を前にする

私はいつも　主を前にしています。
主が私の右におられるので
私は揺るがされることがありません。
それゆえ　私の心は喜び
私の胸は喜びにあふれます。
私の身も安らかに住まいます。

あなたは　私のたましいをよみに捨て置かず
あなたにある敬虔な者に
滅びをお見せにならないからです。
あなたは私に
いのちの道を知らせてくださいます。
満ち足りた喜びが　あなたの御前にあり
楽しみが　あなたの右にとこしえにあります。（詩篇16・8〜11）

これまで詩篇16篇を通して、「いのちの道」を歩む人生とはどのようなものであるかを見てまいりました。それは、神を信頼し、神を幸いとする人生、教会の交わりを喜びとする人生、神に第一の望みを置く人生、神をゆずりの地とする人生、神のことばによって生きる人生でした。このような歩みが、イエス・キリストを信じて永遠のいのちに復活させられている者たちには与えられています。

ダビデは、詩篇16篇の冒頭で「神よ　私をお守りください」と切実な祈りをささげました。しかしここで彼は、「私は揺るがされることがありません」と力強く告白しています。それは、神様が与えてくださる「いのちの道」を歩んでいるという確信があったからにほかなりません。彼は「主が右におられるから、私は主を前にする」と神様を賛美し、神の導きに全幅の信頼を寄せているのです。

神様が「右におられる」とは、私たちの「右手を支えてくださる」とも理解できる表現です。それはちょうど親が小さな子どもの手をしっかり握るようなものです。親が子どもと手をつなぐのは、子どもが道を誤らないよう導き、転ばないよう支え、危険から守るためです。同じように、神様も私たちを導き、支え、守ってくださいます。だからこそ、私たちは揺るがされることがないのです。

また、右手を神様に握っていただくことは、神様にすべてを委ねる信頼の表れでもあります。多くの人にとって右手は利き手であり、生活や戦いにおいて重要な役割を果たす手です。その手を神様に任せることは、自分の力ではなく神様にすべてをおまかせして、その力に頼る姿勢を示しています。これは、神様が絶対に信頼できるお方であり、私たちを守り導いてくださるという確信がなければできないことです。

さらにこの詩篇を締めくくる「満ち足りた喜びが　あなたの御前にあり　楽しみが　あなたの右にとこしえにあります」ということばは、私たちにさらなる希望を与えてくれます。神様が私たちの右側に立ち、右手を握ってくださっているということは、私たちの右手は神様の左手と繋《つな》がれていると言えるでしょう。そして神様は私たちの手を左手で握りながら、もう一方の手、すなわち神様の右の手で私たちを困難な時に慰め、励ましてくださり、危険から守ってくださるのです。だからこそ、私たちのとこしえの楽しみは「神の右」にあるのです。いのちの道とは、自分たちの右手で一時的な喜びや楽しみを摑《つか》み取ろうとする歩みではなく、神様に自分の右手をおまかせして、神の右の手が与えてくれる満ち足りた喜びを前にして歩む人生なのです。

これからの人生の中で、私たちは治る見込みのない病気にかかるかもしれません。財産をすべて失うことがあるかもしれません。事故や怪我《けが》で子どもの頃からの夢を断たれることもあるでしょう。愛する人を失う悲しみに直面することもあります。これらの出来事は、誰にとっても心を深く揺さぶる試練です。

そして最も我々を揺るがす出来事――それはやはり「死」です。死はすべての人間が必ず直面する試練です。この死から逃れられる人は一人もいません。しかし、いのちの道を歩む者は、死に直面してもなお揺るがされることはありません。「あなたは　私のたましいをよみに捨て置かずあなたにある敬虔な者に　滅びをお見せにならないからです」と語るダビデは、このいのちの道が死すらも超えて、満ち足りた喜び、とこしえの楽しみの中で、自分の右にいてくださる神様を前に置くと告白します。これは、今の人生においても、死の瞬間においても、そして地上で死んだ後に行く天国においても、神様と共に歩むという希望の表明です。

イエス・キリストの復活が示すいのちの道

ダビデはイエス様の復活を直接見ることはありませんでした。しかし、神様が救い主を後の時代に送ってくださるという約束を信じ、その救い主が与える復活を希望として歩んだのです。一方、私たちは聖書を通して、神様がこの世界に既にイエス・キリストを救い主として送ってくださったことを知っています。

イエス・キリストは、私たちの罪のために十字架上で死なれ、三日目に復活されました。この十字架と復活によって、イエス様を信じる者たちの罪は赦され、永遠のいのちへと復活する希望が与えられています。それは、死んだ後に天国に行けるという希望にとどまりません。イエス様を信じる者が、「いのちの道」を、今この瞬間から歩むことができるようになるために、イエス様は来てくださったのです。

今の人生においても、死の瞬間においても、そして天国においても、常に右にいてくださる神様を前に置き、永遠なる神様に信頼を置いて歩んでいく道は、私たちにまことの喜び、楽しみ、安らぎを与えます。この幸いは、他の何ものによっても得ることはできません。イエス様の復活によって私たちに与えられている「いのちの道」のすばらしさを、どうかあなたのものとして受け取ってください。

ハレルヤ、主はよみがえられた

小平 牧生

私があなたがたに最も大切なこととして伝えたのは、私も受けたことであって、次のことです。キリストは、聖書に書いてあるとおりに、私たちの罪のために死なれたこと、また、葬られたこと、また、聖書に書いてあるとおりに、三日目によみがえられたこと、また、ケファに現れ、それから十二弟子に現れたことです。

（新約聖書「コリント人への手紙第一」15章3〜5節）

阪神・淡路大震災

私の住んでいるところは兵庫県西宮市の下町で、阪神タイガースの本拠地の甲子園球場と十日《とおか》戎《えびす》の福男で有名な「えべっさん」の西宮神社がある庶民的な街です。また、ちょうど三十年前に起こった阪神・淡路大震災の被災地でもあります。

今も忘れられませんが、あの日、まだ夜明け前の暗闇の中で、ものすごい揺れと音と光によって目が覚めました。私たちの地域は震度七の東の端にあたり、教会の建物に住んでいたのですが、崩れたタンスや食器棚で四方八方がふさがっており、隣の部屋にも行くことができませんでした。やっとの思いで外に出ることができた時には空は少し明るくなっていましたが、近所の潰れた家からおばあさんを引っ張り出して、そしてふと顔を上げると、向こうにあるはずの高速道路がなかったのです。その瞬間、腰が砕けるような思いがしました。

その日から、私たちの生活は一変しました。教会は西宮市の指定避難所になり、私たちは近所の方々との共同生活が始まりました。数日後に当時の国際飢餓対策機構やワールドビジョンのような救援団体の現地事務所となり、ボランティアの方たちを迎えることになりました。阪神・淡路大震災は「ボランティア元年」と言われますが、ボランティアの基本的な約束ごとが定まっていない時代であり、迎える私たちが食事や寝場所の準備もしなければならないような状況でした。

そのような中で、何の知識も備えもない私たちが、やがて肉体的にも精神的にも燃え尽きてしまうことは、目に見えて明らかでした。さらに、二か月が経った時に起こった東京での地下鉄サリン事件は、テレビや新聞の報道を始め多くの人々の目をそちらに向けました。これがいつまで続くのかという焦り、わかってもらえない苛立《いらだ》ち、忘れられてしまう不安、そのような積み重なる思いが私たちを苦しめていきました。

結果的に、私は震災から二年経った時に、教会の理解を得て、牧師の働きを休むことになりました。名目は研修休暇ということでしたが、私自身は燃え尽きていました。あの時に働きの現場を離れることがなければ、その後の牧師としての働きは続けられなかったと思います。

最も大切なこと

私たちの人生には思いがけないことが起こります。広い範囲に同時に起こる災害では多くの人と苦しみを共有することができますが、私たちに起こる問題の多くはほかの誰にもわからないかたちでやってくることが多いのではないでしょうか。みなさんも、だれにも話すことができないことや先の見えない状況の中で、疲れや落胆の中に沈み、あるいは先が見えない焦りや不安、またわかってもらえないための怒りを抱えてしまうことがあるのではないでしょうか。

イースターは、イエス・キリストの復活を記念する日です。「復活」とはとても前向きで明るい言葉ですが、それは現実の私たちにとっていったいどのような意味があるのでしょうか。使徒パウロがコリント教会に書き送った手紙のことばを手掛かりに、そのことを考えてみましょう。

私（パウロ）があなたがたに最も大切なこととして伝えたのは、私も受けたことであって、次のことです。キリストは、聖書に書いてあるとおりに、私たちの罪のために死なれたこと、また、葬られたこと、また、聖書に書いてあるとおりに、三日目によみがえられたこと、また、ケファに現れ、それから十二弟子に現れたことです。（Ⅰコリント15・3〜5）

ここで、パウロが「最も大切なこととして伝えた」と言っていることは何でしょうか。それは、イエス・キリストが「死なれた」ことと「葬られた」こと、そして「よみがえられた」ことと、弟子たちや人々に「現れた」ということです。そしてそれは「聖書に書いているとおり」であったと繰り返して言っています。しかし、そのようなことが私たちにとってどのような意味があるというのでしょうか。

パウロはまず、「イエス・キリストは、私たちの罪のために死なれた」と言います。彼によれば、イエス・キリストの復活は、その復活に先立つ十字架の死の意味を明確にすることだと言うのです。つまり、私たちはイエス・キリストの復活によって、キリストの死が私たちの罪の赦しのためであることを確信できると言うのです。

教会に行くと「救われた」とか「救われる」という言葉を聞きます。「救われる」という言葉は受け身の言葉ですが、問題は何から救われるのかということです。私たちは「救われる」という言葉をいろいろな意味で使います。たとえば病気や困難やいろいろな苦難の状態から救われたい、なんとか救ってほしい、解放されたいと願います。しかし、聖書は、私たちに必要な救いとは、何よりも「罪からの救い」だと言うのです。罪と罪がもたらしているものから救われなければならない。イエス・キリストはそのために死なれた。つまりイエス・キリストは私たちを罪から救うために十字架で死なれ、そしてその死の確かさを確認するかのように葬られ、そしてその救いを完全なものとするために復活されたのです。

イエス・キリストは、十字架にかかられる前にご自分について語っておられました。「人の子も……多くの人のための贖いの代価として、自分のいのちを与えるために来たのです」（マルコ10・45）と。しかし私たちはそのことが間違いのないことだと、どのようにして知ることができるのでしょうか。イエス・キリストがその死によって、あらかじめ語っていたことを実際に達成されたことを、あるいはイエス・キリストの死はそのための十分かつ完全な犠牲であるということを、私たちはどうやって知ることができるのでしょうか。

それを私たちに示しているのが復活の出来事なのです。もしイエス・キリストが死んで墓に葬られたままであったなら、その死がどんなに尊いものであったとしても、私たちはその死の目的を知ることはできないでしょう。イエス・キリストが仮に犠牲の死を遂げられたとしても、パウロが言うように「もしキリストがよみがえらなかったとしたら、あなたがたの信仰は空しく、あなたがたは今もなお自分の罪の中に」（Ⅰコリント15・17）いるのです。

罪とは何か

では、罪とは何でしょう。それは、私たち人間が本来あるべき姿から離れている状態のことです。

私たちは「神のかたち」に似せて造られ、すべてのものを治めていく務めを委《ゆだ》ねられながら、神の創造の目的から離れて、自分自身を神として生きる道を選んでしまったために、本来の姿を失っています。それればかりか、願うように生きることができないで、むしろ争いや憎しみの中を歩んでいる。そういう罪の状態から救われ、神によって新しい創造が始まるのです。私たちはその十字架と復活のイエス・キリストを主と信じることによって、その救いを自分自身のものとすることができるのです。

私は牧師の家に生まれ育った、いわゆる二世のクリスチャンです。長野県の穂高神社の神主の家系に生まれた父と東北の鉱山の労働者の家に生まれた母が、それぞれ若い日に教会に導かれて、イエス・キリストに出会い、そして結婚し、それだけではなく牧師となり、人々に福音を語り、教会の開拓を始めました。その中で私は生まれ育ちました。

私が子どもの頃の我が家を思い出すと、いつも誰か知らない人が家にいて、家族だけということは経験したことがありませんでした。幼い頃はそれも楽しく、それが普通だと思っていましたが、やがてそれは普通ではないことに気がつきました。思春期に入った頃には、牧師館で生活することに不満を感じるようになり、そこから離れたいと思うようになりました。神さまを信じているし、両親がどんなに私を愛してくれているか、その働きがどんなに尊いかということは、誰よりもよくわかっていました。クリスチャンはすばらしい。でも私の願いは、普通の家庭、普通のクリスチャンの子どもでありたい。礼拝が終わったら自分の家に帰ることができる、そういう普通のクリスチャンになりたかったのです。

ところが、一方で私の心にはそのような思いと同時に、「わたしに従ってこないか」というイエス・キリストの語りかけを感じることがありました。「イエス・キリストに従っていくべきではないか」という思いがありました。そのようなジレンマを抱えながら中学・高校時代はクラブ活動に明け暮れていたのです。

新しい生活の中で

やがて大学に進学する時になって、私は「今しかない」と思いました。しかし私の家は決して裕福ではありません。親も周囲も地元の国立大学に進学するように勧めました。しかし私は父に、「地元の国立大学を第一志望にするけれども、ちょっと腕試しのために東京の大学も受験させてほしい」と頼みました。「ミッションスクール」と言えば許してくれるのではないかと思ったのです。そして、父がそれを許してくれた時に、私の中ですべては決まりました。

東京の大学の試験が終わって、そして三月の地元の国立大学の受験の日、母はお弁当を作ってくれ、父は私のために力が出せるようにと篤《あつ》く祈って送り出してくれました。しかし、私は試験会場には行かなかったのです。友だちを呼び出して大阪の町で遊んで、お弁当を食べて、そろそろよい時間となる頃に家に帰りました。今でも忘れません。母は会うなり、私に「どうだった」と聞きました。私は「まああだった」と答えました。母は試験のことを聞いたのですが、私はお弁当のことを答えました。二日目の朝、また母はお弁当を作ってくれ、父の祈りをもって送り出されました。この日も大阪のゲームセンターで過ごして、そして夕方になって家に帰りました。そして母は「どうだった」と聞き、私は「まああだった」と答えました。

その結果、国立大学には落ちました（当然ですが）。父は「牧生が祈って力を尽くした結果であるなら、それは神さまが与えてくださったのだから、東京に行きなさい」と言ってくれ、そして私は願っていたように牧師館を出て、東京の大学に入学したのです。

ところが、自分の願いがかなったはずの新しい生活の中で、私の生活は何一つ思うようには進みませんでした。クリスチャンホームで育ち、神を信じ、自分としては人よりも正しく生きることができると思っていましたし、だれとでもうまくやっていけると思っていたのですが、正しく生きる力も人と上手くやっていく力も自分にないことを思い知らされ、むしろ自分の心にあるねたみや醜さに落胆することになりました。

その時に、ふと自分の姿に気がついたのです。自分を愛して信じてくれている親に偽りを言い、その愛に背を向けて自分の願いのままに歩もうとしている、これが罪じゃないのかと。そして、それは親に対してだけではなく、神さまに対してもそうなのではないかと。

そのような経験を通して、私は「キリストが私たちの罪のために死なれた」ということが、わかったのです。わかった後は明快でした。自分のあり方を悔い改めて、自分の人生をイエス・キリストに委ねて生きる決心をしました。それから不思議なことに、私のうちに文字どおり「復活の人生」が始まっていったのです。

皆さんはどうですか。人生がうまく進まない。自分の思うようにいかない。そういう中で、あるいはそれをほかの人々や社会のせいに、あるいは親のせいに、または神さまのせいにしているかもしれません。しかし、あなた自身はいかがですか。神さまの前にどのように生きておられますか。あなたは、あなたを愛して十字架にいのちを与えられるほどにあなたを愛してくださっている神さまの愛に、目を向けようとしているのか。考えてみてほしいのです。

自信と勇気

そしてパウロがここでもう一つ大切なこととして語っていること、それは、聖書に書いてあるとおりに、三日目によみがえられたことであり、またケファに現れ、それから十二弟子に現れたこと、そして続いて多くの人々に現れた、ということです。

イエス・キリストが復活されたのは、私たちに、新しい人生を歩むための新しいいのちを与えるためでした。

そのもっとも明確なモデルは弟子たち自身です。彼らはイエス・キリストの十字架を前にしてみな逃げてしまい、「他の人が何と言ってもあなたについていく」と宣言したペテロも、「自分はこのような人は知らない」と繰り返して言いました。そんな彼らが、このイエス・キリストの復活を機に、いのちを賭けてイエス・キリストの復活を証《あか》しする者となったのです。イエス・キリストの復活は、そのように弱い私たちを力強い生き方へと変えていくことができるのです。

若い人たちにいつも繰り返してお話しすることですが、「自信」と「勇気」は違うものです。この二つは似ているのですが、まったく違うものです。お母さんが男の子に向かって「自信を持って」と励ますのを目にすることがありますが、しかしそれは励ましになりません。なぜなら、私たちはそう言われれば言われるほど、自信がなくなるからです。なぜでしょう。それは、「自信」というのは「自分」が根拠だからです。自分の能力、自分の知恵、自分の経験、それらが自信の拠《よ》り所《どころ》なのです。そのようなものを根拠に自信を持てと言われても、空回りしてしまいます。そして、自分に自信のある人ほど、その心には恐れも生まれます。私たちはやればやるほど、強いと言われれば言われるほど、男らしいと言われれば言われるほど、いかに自分が弱く、自分の中に暗闇を持っているかを知らされることになるからです。

それに対して「勇気」は、自分から出てくるものではありません。「与えられるもの」なのです。だから、自分がどういうものであるかとか、自分が強いとか弱いとか、そういうことは関係がありません。新約聖書の「ヘブル人への手紙」には、旧約聖書に登場するリーダーたちを挙げて、「弱い者なのに強くされ、戦いの勇士となり」(11・34)と紹介されていますが、「弱い者」である彼ら自身の姿には何も変わりがないけれども、神から勇気が与えられて、彼らは勇士として戦ったのです。

聖書には「自信」という言葉はほとんど出てきません。一か所だけそのように訳されているのは、「愚かな者は怒りやすく、自信が強い」(箴言14・16)というように、過信や高慢につながる性質として語られているところだけです。少なくとも「自信を持ちなさい」とか、「自分の力を信じて」というような教えは聖書にはありません。神から与えられる「勇気」をもって「勇敢でありなさい」「わたしが一緒にいるから大丈夫だ」と励まされているのです。

冒頭に掲げたみことばには、復活されたそのイエス・キリストが弟子たちに会ってくださったことが記されています。それによると、あの日、復活されたイエス・キリストは、マグダラのマリアに会い、そして弟子たちに会ってくださいました。さらに続いてイエス・キリストは五百人もの弟子たちに会ってくださいました。そしてその中の多くの人たちが、この手紙が記された時には生きていました。そして彼らの存在はこの手紙に記されたことを証明していたのです。

この事実は私たちに何を教えているのでしょう。それは、イエス・キリストは今も私たちに語りかけ、出会ってくださるということなのです。イエス・キリストの復活はそのことを約束してくださっているのです。

「私は疲れました」

最初にお話ししたように、私にとって阪神・淡路大震災に被災したことは人生を変える大きな経験でした。しかし、それはまたイエス・キリストに出会う経験でもありました。

当時、私は牧師になって十年目を迎えようとしている頃で、教会の働きとともに、近畿福音放送伝道協力会（近放伝）という団体の事務局長や、地元の牧師の集まりである阪神宣教祈禱会の働きをさせていただいていました。震災後は、近放伝を中心に復興支援協力会が結成され、その働きも担うことになりました。しかし、自らが被災者であり、教会に避難者やボランティアの方々を受け入れながら、同時に被災地域の教会支援をすることは、思ったよりも大変な務めでした。

しばらくすると、礼拝説教をしながらわけもなく泣いてしまったりするようになりました。肉体的に限界を超え、精神的にも燃え尽きていたと思います。東京に行けば普通の生活があるのに……と、復興への焦り、理解してもらえない苛立ち、思うように進んでいかない怒り、そして先が見えない不安などが満ちていました。

そんなある日、被災地域の教会の状況を調べるために、私に割り当てられた神戸の教会に出かけました。電車は不通で、道路も指定車両以外は通行できなかったので、私は国道を歩いて、初めて訪ねるその教会を訪ねたのです。多くの人が同じように荷物を背負って歩いていました。三時間ぐらい歩いてその教会に着いてみると、そこは留守で、その扉は完全に閉ざされていました。その瞬間、私はひざから崩れ去るようにそこにしゃがみこんでしまいました。「もうだめだ」と思ったのです。からだも心も限界だったと思います。牧師になって約十年、一生懸命に取り組んできた教会の働きは、震災によってすべて止まってしまった。これからの見通しは立たず、そのような中で自分は復興支援の働きに時間も体力もとられている。「いったい何をしているのだろう」と絶望的な思いに満たされてしまいました。

そこにうずくまり、しかし日が暮れて寒くなっていく中で、これからまた歩いて帰るのかと思うと泣きそうになりました。どれくらいの時間が経ったでしょうか。座り直して、ふと目を上げた時に、看板が目に入りました。そこに次のように書いてあったのです。

「すべて、疲れた人、重荷を負っている人は、わたしのところに来なさい。わたしがあなたがたを休ませてあげます。」（マタイ11・28、新改訳第二版）

教会の看板に記されている聖書のことばとしてはもっともポピュラーなものです。しかし恥ずかしいことですが、私は自分に関係のあることばだと思ったことがありませんでした。これは、人生において敗北した人、失敗した人に語られている。少なくとも自分はこんなことばは必要がない生き方をしていると、そんなふうに思っていたのです。「疲れた人、重荷を負っている人」が自分のことだと思ったことは一度もありませんでした。しかし、この日私は初めて「神様、私は疲れました」と言ったのです。

ところが「私は疲れました」と泣きながら言えたこの瞬間から、自分が不思議なように癒やされていくのがわかりました。からだはヘトヘトでも、「でも大丈夫だ」という不思議な平安が内側に湧いてきたのです。その日私は、不思議な感じで歩いて帰りました。

考えてみると、自分が「疲れた人」であることを認めなければ、「わたしのところに来なさい」と招かれるイエス・キリストの声に耳を傾けることはないでしょう。自分のこととして耳を傾けなければ、イエス・キリストのもとに行くこともないのです。その招きを聞いて、それは自分に語られている、「自分は疲れた者である」ことを認めて、初めてイエスさまのところに行くのです。そしてイエス・キリストのところに行った人だけが、「わたしが休ませてあげます」と言われるイエス・キリストによる安息を経験することができるのです。だから自分は、イエス・キリストの与えてくださる安息を経験したことはなかった。他のもので自分を満たしていたのだと気がついたのです。そして、自分が「疲れました」とイエス・キリストに言うことができるようになって、疲れを覚えられ、渇きを覚えられたイエス・キリストの姿をイメージできるようになったのです。

私たちがイエス・キリストを信じてクリスチャンとなるということは、疲れない、助けを必要としない人になることではありません。「疲れました」と言って、神の下さる安息をいただくことができる者になることなのです。みなさんはどうでしょう。あなたは何によって自分を癒やしていますか。

私たちは招かれているのです。「わたしのところに来なさい」との招きに応えていくなら、神からの勇気が与えられ、そして疲れを恐れることなく、歩んでいくことができます。イエス・キリストは私たちの罪のために十字架にかかって死んでくださった。そして、あなたのために復活し、あなたに出会ってくださるのです。今日、あなたも「私は疲れました」と言ってみてはどうでしょうか。そこからあなたの中に新しい人生が始まっていくのではないでしょうか。

岸本《きしもと》大樹《だいき》　大阪聖書学院学院長
光野《みつの》幸恵《ゆきえ》　泉の園キリスト教会伝道師
一場《いちば》茉莉子《まりこ》　サンタバーバラ・ベタニヤ会衆派教会 日本語部牧師
齋藤《さいとう》五十三《いそみ》　東京基督教大学准教授
吉村《よしむら》和記《かずき》　久留米・佐賀キリスト教会牧師
千田《ちだ》俊昭《としあき》　旭ヶ丘キリストの教会牧師
平田《ひらた》裕介《ゆうすけ》　日本キリスト改革長老霞ヶ丘教会牧師
小平《こだいら》牧生《まきお》　ニューコミュニティ主任牧師

ハッピー・イースター・トゥ・ユー！ 2
〜いのちに出会う〜

2025 年 4 月 20 日発行

著　者　岸本大樹・光野幸恵・一場茉莉子・齋藤五十三・
　　　　吉村和記・千田俊昭・平田裕介・小平牧生
発　行　いのちのことば社
164-0001 東京都中野区中野 2-1-5
TEL 03-5341-6920
FAX 03-5341-6921
e-mail：support@wlpm.or.jp
ホームページ http://www.wlpm.or.jp/

新刊情報はこちら

ISBN978-4-264-04570-0

Happy Easter to You!